# INFORMATIK 1

## Objekte
## Strukturen
## Algorithmen

Informatik
für Gymnasien

Von
Elke Frey, Höchstadt
Peter Hubwieser, Kolbermoor
Ferdinand Winhard, Buxheim

Ernst Klett Verlag
Stuttgart  Düsseldorf  Leipzig

**Bildquellenverzeichnis:**
AKG, Berlin: S. 72.1 – Angermayer, Holzkirchen: S. 39.1 (Günter Ziesler), S. 60.2 (Hans Reinhard), S. 60.4, S. 60.20 – Astrofoto, Sörth: S. 58.1 – COM.BOX Fotofinder GmbH, Berlin: S. 22.1 (vario press) – Corbis, Düsseldorf: S. 60.18 (Steve Kaufmann) – Fotosearch RF, Waukesha, WI 53186-1898: S. 23.1 (Digital Vision), S. 63.2 (Index Stock) – Getty Images Stone, München: S. 60.16 – Handball-Bundesliga e.V., Dortmund: S. 34.1 – Hubwieser, Peter, Kolbermoor: S. 10.1, 25.1 – Ingram Publishing, Tattenhall Chester: S. 66.1 – Internet-Screenshots: S. 61.1 (Homepage von Bayern), S. 63.1 (Homepage vom DFB), S. 70.1 (Homepage vom Bundestag) – Klett-Perthes, Gotha: S. 59.1 – Mairs Geographischer Verlag, Ostfildern: S. 24.1 – Mauritius, Mittenwald: S. 19.1 (Öchslein) – Okapia, Frankfurt: S. 60.7 (KHS), S. 60.11 (Werner Layer), S. 60.12 (H. Ausloos, BIOS), S. 60.14 (Stefan Meyers), S. 60.19 (Werner Layer) – Picture-Alliance, Frankfurt: S. 60.6 (Picture Press/Krahmer), S. 60.15 (dpa/Förster), S. 92.1 (AKG) – Prof. Dr. Reinhard Döhl, Stuttgart: S. 33.1 (Reprint der Originalpostkarte, 1965) – Reinhard-Tierfoto, Heiligkreuzsteinach: S. 60.3, 60.5, 60.8, 60.9, 60.10, 60.13 – SAVE-Bild, München: S. 60.17 (Flip Nicklin/Minden) – Silvestris, Dießen: S. 60.1 (Carlo Dani Ingrid Je) – Winhard, Ferdinand, Buxheim: S. 14.1, 52.1, 53.1, 53.2, 78.1, 80.1, 80.2, 83.1, 87.1, 91.1, 91.2 – ZEFA, Düsseldorf: S. 35.1 (D. Rose)

Nicht in allen Fällen war es uns möglich, den uns bekannten Rechtsinhaber ausfindig zu machen. Berechtigte Ansprüche werden selbstverständlich im Rahmen der üblichen Vereinbarungen abgegolten.

1. Auflage      1 5 4 3 2 1 | 2008 2007 2006 2005 2004

Alle Drucke dieser Auflage können im Unterricht nebeneinander benutzt werden, sie sind untereinander unverändert. Die letzte Zahl bezeichnet das Jahr dieses Druckes. Das Werk und seine Teile sind urheberrechtlich geschützt. Jede Nutzung in anderen als den gesetzlich zugelassenen Fällen bedarf der vorherigen schriftlichen Einwilligung des Verlages. Hinweis zu § 52 a UrhG: Weder das Werk noch seine Teile dürfen ohne eine solche Einwilligung eingescannt und in ein Netzwerk eingestellt werden. Dies gilt auch für Intranets von Schulen und sonstigen Bildungseinrichtungen.
© Ernst Klett Verlag GmbH, Stuttgart 2004.
Alle Rechte vorbehalten.
Internetadresse: http://www.klett-verlag.de

Texte der Einführungen: J. Kapitzky, Leipzig.
Zeichnungen: U. Alfer, Waldbreitbach; M. Hütter, Schwäbisch Gmünd.
Umschlaggestaltung: Alfred Marzell, Schwäbisch Gmünd.
Druck: H. Stürtz AG, Würzburg.

ISBN 3-12-731468-X

# Inhaltsverzeichnis

**I Objekte**

Einführung   4
1  Objekte in Grafiken   8
2  Objekte klassifizieren   11
3  Objekte werden aktiv   16
4  Darstellung von Information   22
Thema: Grafische Datenformate   25

**II Objektbeziehungen**

Einführung   30
1  Objekte in Texten   32
2  Beziehungen zwischen Objekten   35
3  Multimediadokumente   38
Lesetext: Informatik und Sprache   42

**III Baumstrukturen**

Einführung   44
1  Dokumente, Dateien und Ordner   46
2  Ordnerbäume   50
Lesetext: Dateien speichern   53

**IV Informationsnetze**

Einführung   56
1  Verweise auf Dokumente   58
2  Hypertexte im Internet   61
3  Hypertextstrukturen   64
4  Elektronische Post   67
Thema: Datenaustausch im Internet   70
Lesetext: Suchen im Internet   72

**V Automatisierung**

Einführung   74
1  Schritt für Schritt   78
2  Wiederholungen   81
3  Entscheidungen   85
4  Aufgaben teilen   88
Lesetext: Wann sind Bedingungen erfüllt?   91
Thema: Grafische Darstellung von Algorithmen   92
Thema: Mit LOGO programmieren   94

Zum Aufbau des Buches   96
Register   97

# I Objekte

## Einführung

Lisa lag in ihrem Bett und konnte nicht einschlafen. Sie musste über die letzten beiden Tage nachdenken.
Seit dem Beginn der Ferien lebt sie jetzt mit ihrer Familie in München. Als ihr Vater zu Hause von der Versetzung erzählt hatte, war die Stimmung in der Familie wochenlang ziemlich schlecht. Keiner von ihnen hatte hierher gewollt. Ihre Mutter hatte ihre Stelle als Erzieherin aufgeben müssen und auch ihr Bruder wollte, genau wie Lisa, seine Freunde nicht aufgeben. Andererseits würde ihr Vater in München mehr verdienen – und als sie dann auch noch eine Wohnung gefunden hatten, die größer und schöner war als ihre alte in Bonn, hatten sich schließlich alle mit dem Umzug abgefunden. Aber die ganzen Ferien über hatte Lisa vor allem Antonia, ihre beste Freundin, schrecklich vermisst. Und nun hatte sie Elena kennen gelernt und sich auf Anhieb gut mit ihr verstanden. Zum ersten Mal seit dem Umzug war ihr etwas wirklich Schönes passiert.

Gestern war Lisa morgens im Supermarkt gewesen und hatte gesehen, wie einem Mädchen in ihrem Alter die Einkaufstüte heruntergefallen war und sie hatte ihm geholfen, die Sachen wieder einzusammeln. Das Mädchen hatte sehr freundlich „Danke!" gesagt und sie angelächelt. Dann bemerkten sie, dass sie denselben Weg hatten. Unterwegs hatte Lisa erzählt, was sie in München schon alles gesehen hatte, und Elena, so hieß das Mädchen, hatte ihr aufmerksam zugehört. „Komisch, viele von den Sachen, von denen du erzählst, habe ich mir noch nie angesehen. Klingt alles irgendwie nach Touristenprogramm, aber auch ganz interessant. In unserem Viertel scheinst du dich aber noch nicht auszukennen. Wenn du willst, zeige ich dir in den nächsten Tagen noch ein paar Cafés, Geschäfte und so. – So, und jetzt bin ich da." Als Elena das sagte, hatten sie genau vor dem Haus gestanden, in dem Lisa wohnte. „Ich auch", hatte Lisa geantwortet. Und dann hatten sie lauthals gelacht. Dieses Lachen mit jemandem, den sie erst seit einer halben Stunde kannte, das hatte ihr gefallen.

Am nächsten Morgen klingelte es und Elena stand vor der Tür. Gut gelaunt fragte sie: „Hast du Lust rauszugehen? Noch ist schönes Wetter, aber am Nachmittag soll es regnen." Lisa druckste ein bisschen herum. Elena sah sie an: „Was ist, kommst du?" Lisa war wirklich hin und her gerissen: „Ich will schon, aber ich habe meiner Freundin in Bonn einen Brief versprochen und den wollte ich heute Vormittag endlich schreiben." Elena nickte wie jemand, der das versteht – und das fand Lisa wieder ziemlich gut. „Hat deine Freundin eine E-Mail-Adresse?", fragte Elena dann. Lisa überlegte. „Ja, ich glaube schon. Sie hat sie mir aufgeschrieben, aber ich habe noch keinen Computer, ich soll erst einen bekommen. Deswegen kenne ich mich mit Computern auch nicht so aus." Elena überlegte kurz, dann hatte sie eine Idee: „Ich zeige dir am Vormittag das Viertel. Und am Nachmittag kannst du an meinem Computer eine E-Mail an deine Freundin schreiben. Wenn du willst, helfe ich dir dabei." Eine gute Idee fand Lisa. Sie holte ihre Jacke, verabschiedete sich von ihrer Mutter und schon waren sie unterwegs. „Das ist fast schon wie mit einer Freundin", hatte Lisa dabei gedacht.

Dass Lisa Antonia einen Brief versprochen hatte, kam so: Am Telefon hatte sie ihre neue Wohnung beschrieben. „Die Räume sind viel größer. Ich mag den Blick aus dem Fenster, man sieht den Englischen Garten. Aber die neue Wohnküche, da gehen die Fenster nach hinten raus, vom Bad auch, weil es neben der Küche liegt. Wir haben da Dusche und Badewanne ..." Irgendwann war Antonia einfach nicht mehr mitgekommen, sie war beim Zuhören ganz durch-

Komm, ich helfe dir!

einander gekommen. Und da hatte Lisa sich vorgenommen, in einem Brief alles so zu beschreiben, dass Antonia sich die Wohnung und alles andere vorstellen konnte. Und nun würde sie am Nachmittag eine E-Mail an sie schreiben. So etwas hatte sie noch nie gemacht, war aber ganz gespannt darauf.

„Du musst den Computer mit diesem Knopf einschalten", zeigte ihr Elena, „dann fährt er automatisch hoch." „Was heißt hier hochfahren", lachte Lisa, „ich dachte, das ist ein Computer und kein Aufzug!" Elena lachte mit: „Hochfahren heißt, dass der Rechner alle Hilfsprogramme, die er für den Anfang benötigt, in seinen Arbeitsspeicher lädt", erklärte sie dann. Sehr beeindruckt von solchem Wissen hatte Lisa einfach nur genickt.

Dann hatte der Rechner nach „Benutzername" und „Kennwort" gefragt. „Jetzt muss man sich anmelden", sagte Elena und tippte etwas in ihre Tastatur. „Wozu ist das denn gut?", fragte Lisa zurück. „Na ja, die meisten Computer sind so eingerichtet, dass sich jeder Benutzer mit seinem Namen anmelden muss. Und dich kennt mein Rechner noch nicht. Also habe ich dich unter meinem Namen angemeldet." „Kann man da auch nachträglich sehen, wer mit dem Computer Unsinn getrieben hat oder so?" „Ja, kann man. Das ist einer der Gründe, weshalb man sich als Benutzer extra anmelden muss." „Und wozu genau braucht man das Kennwort?" Lisa wollte es jetzt wirklich genau wissen. „Das Kennwort ist eine Kombination aus Buchstaben, Ziffern oder anderen Zeichen, die nur der jeweilige Benutzer kennen sollte. Damit soll verhindert werden, dass sich jemand unter falschem Namen anmeldet. Außerdem kann so kein Fremder lesen, was du geschrieben hast. Ich fände es zum Beispiel gar nicht gut, wenn mein großer Bruder lesen könnte, was ich so in meinen E-Mails an die Mädchen in meiner Klasse über ihn schreibe." Das leuchtete Lisa sofort ein. Hätte sie einen 15-jährigen Bruder, würde sie auch nicht wollen, dass er ihre Sachen liest. Schließlich befand sich Lisa auf dem, was Elena „Benutzeroberfläche" nannte. Sie zeigte Lisa, wie man das E-Mail-Programm auf diesem Rechner startete: „Ein Doppelklick auf das Symbol mit dem Brief genügt!" Es stimmte, als Lisa es ausprobierte, startete das E-Mail-Programm wirklich! Bisher sah alles ganz einfach aus.

# Einführung

Nach dem Start des E-Mail-Programms hatte Elena gesagt: „Ich gehe solange ein bisschen auf den Balkon. Du kannst mich ja rufen, wenn du fertig bist, dann zeige ich dir, wie man die E-Mail abschickt." Lisa hatte sich erst ein bisschen gewundert, aber als sie zu schreiben anfing, war sie auch erleichtert. Es wäre wirklich blöd gewesen, einen Brief an die beste Freundin zu schreiben und jemand, mit dem man gerade anfängt befreundet zu sein, sitzt daneben und liest mit.

Als Elena zurückkam, hatte Lisa ihren E-Mail-Text schon eine Weile fertig und sah sich gerade ein paar Fotos von Elena an, die an der Wand über dem Schreibtisch hingen. „Ich habe Antonia in der E-Mail von dir erzählt. Am liebsten hätte ich ihr so ein Bild von dir mitgeschickt, damit sie sich vorstellen kann, wer mir das alles hier erklärt hat. Aber das geht ja leider nicht." „Wieso denn nicht?" Elena zuckte mit den Schultern, „natürlich geht das. Wir legen das Foto auf den Scanner und machen daraus ein Bilddokument. Und das kannst du dann mit deiner Nachricht verschicken." Lisa staunte und sah fasziniert dabei zu, wie Elena das Bild mit dem Scanner „digitalisierte". Das war schon wieder so ein Wort, unter dem sie sich nicht gleich etwas vorstellen konnte. Elena gab einige Befehle ein und hängte damit das Bild an die elektronische Nachricht an. Anschließend erklärte sie Lisa in aller Ruhe, was sie gemacht hatte. „So, jetzt musst du nur noch mit der Maus auf ‚Senden' klicken." Elena zeigte Lisa mit dem Finger die Schaltfläche, die sie meinte. „Und schon ist die Post unterwegs." Elena lächelte Lisa zu und diese erwiderte das Lächeln. Komisch, von dieser Elena konnte sie sich einen ganzen Nachmittag etwas erklären lassen, ohne sich dumm dabei vorzukommen. So etwas kannte sie sonst eigentlich nur von Antonia.

Draußen regnete es in Strömen, aber das war Lisa egal. Sie saß vor Elenas Computer und war ganz aufgeregt. In einigen Tagen sollte sie endlich einen eigenen Computer bekommen und dann durfte sie auch ihr Zimmer umräumen. Natürlich musste Antonia als ihre beste Freundin alle Einzelheiten ihrer Pläne erfahren – und das möglichst schnell. Zunächst hatte sie einfach einen Plan auf ein Blatt Papier malen wollen, aber Elena hatte vorgeschlagen, das Bild am Computer zu zeichnen. „Könnte ich ihr das dann wieder als E-Mail schicken, sodass Antonia die Nachricht heute noch bekommt?" „Klar geht das", hatte Elena geantwortet und den Computer hochgefahren.

Eine halbe Stunde später war fast alles fertig, aber nun wusste Lisa nicht weiter. Elena hatte ihr gezeigt, wie man mit Hilfe von Vierecken und Kreisen einen Grundriss zeichnen konnte. Das war ihr ziemlich einfach vorgekommen, vor allem, wenn man schon genau wusste, wie das Zimmer aussehen sollte. Nun war zwar alles in den Plan eingetragen, aber trotzdem sah alles etwas langweilig aus. „Kann man da noch ein bisschen Farbe reinbringen? Oder Bilder?",

# Einführung

fragte sie zögernd. „Man kann!" Bei Elena klang immer alles leicht. Ein wenig störte es Lisa schon, dass sie sie ständig um Rat fragen musste, auch wenn Elena furchtbar hilfsbereit war.

„Also, wie färbe ich jetzt meinen neuen Teppich grün?" Elena stellte sich hinter sie, schaute ihr über die Schulter und erklärte ihr, was sie tun musste: „Du klickst einfach auf das Rechteck, das den Teppich darstellt. – Genau so, gut. – Und jetzt gehst du mit der Maus auf den Fülleimer rechts oben, ja, den – und den klickst du jetzt an. – Schönes Grün." Lisa war schon wieder verblüfft. So einfach war das also. „Und was, wenn ich vielleicht doch lieber einen roten Teppich hätte? Dann klicke ich wieder auf das Rechteck und dann auf Rot statt auf Grün, oder?" Lisa spürte, wie Elena hinter ihr nickte. „Hey, funktioniert. Und die Farbe ist noch schöner!" Jetzt war sie mit dem Teppich zufrieden.

„Dass man die Farben einfach so tauschen kann, finde ich toll." Lisa überlegte einen Moment. „Könnte ich das auch mit dem Bild von dir machen, das wir neulich an Antonia geschickt haben?" Lisa lachte, denn sie hatte sich gerade vorgestellt, wie sie Elena eine rote Nase und tiefblaue Augen verpassen könnte.

„Also, sooo einfach geht das nicht", begann Elena und schon bei diesem Anfang war Lisa klar, das würde jetzt ein längerer Vortrag. „Formen wie Rechtecke oder Kreise, das ist was anderes als Fotos oder andere Bilder. Das sind ganz verschiedene Typen von Dateien. Zwar sind das alles Grafiken, aber es gibt davon zwei Sorten. Die eine heißt Vektorgrafik, die andere setzt sich aus Pixeln zusammen ..." – „Mal langsam, ich verstehe sonst nur Bahnhof", unterbrach Lisa Elenas Redefluss, „was genau sind Pixel?" „Also Pixel, das sind Bildpunkte in unterschiedlichen Farben, sie sind ganz klein und zusammen ergeben sie ein Bild." Elena machte eine Pause. Sie hatte selbst bemerkt, dass sie sich altklug anhörte.

„Jedenfalls – so hat mir das mein Bruder erklärt. Ich habe das jetzt einfach nacherzählt. Wenn du willst, können wir ihn ja genauer danach fragen ..." Lisas Antwort kam ganz rasch: „Später mal, okay? Für heute habe ich genug gelernt." Elena verstand. „Dann können wir jetzt den Grundriss verschicken, oder?" Lisa nickte, eine gute Idee.

# 1 Objekte in Grafiken

Fig. 1

**1**
Zeichne mit Hilfe eines Zeichenprogramms einen Lageplan eures Schulgeländes. Verwende dabei verschiedene Formen, Farben, Linienstärken und Füllmuster für die einzelnen Elemente der Zeichnung und beschrifte diese Elemente.

Elektronische Dokumente bestehen aus einer Reihe von „Bausteinen", die in der Informatik als Objekte bezeichnet werden. Bei Grafiken können das z. B. Rechtecke, Kreise, Linien, Textfelder sein.

Diese „elektronischen" Objekte stellen oft Objekte aus der „realen Welt" dar. So steht in einem Lageplan des Schulgeländes vielleicht ein rotes Rechteck für ein Schulhaus. Natürlich handelt es sich dabei um zwei völlig verschiedene Objekte, die man nicht verwechseln darf. (Es ist nicht leicht, ein Rechteck in einer Zeichnung zu betreten.) Wir müssen uns also immer darüber im Klaren sein, ob wir beispielsweise über ein „echtes" Haus reden oder über ein Rechteck in einem Plan, das nur ein reales Haus symbolisiert.

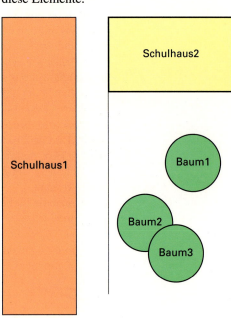

Fig. 2

Computer erwarten eindeutige Befehle, wenn sie etwas für uns tun sollen. Leider ist es in unserer Alltagssprache oft nicht leicht, sich so eindeutig auszudrücken. Der Satz: „Mach das Schulhaus rot." kann sich sowohl auf ein echtes Haus beziehen wie auf ein elektronisches Objekt. Er kann das linke oder das rechte Schulhaus in Fig. 2 meinen. Auch wird nicht klar, ob die Farbe für den Rahmen, das Innere des Rechtecks oder den Beschriftungstext gewünscht wird.

Um solche Unklarheiten zu vermeiden, wollen wir Folgendes vereinbaren:
1. Wir beziehen uns immer auf „elektronische Objekte" in unseren Dokumenten, solange dies nicht ausdrücklich anders vereinbart wird.
2. Alle elektronischen Objekte erhalten einen **Bezeichner**, mit dem man sie eindeutig identifizieren kann. In Fig. 2 sind das z. B. „Schulhaus1", „Schulhaus2", „Baum1", „Baum2" und „Baum3".

Auch im Hinblick auf die Eigenschaften eines Objektes ist unsere Umgangssprache nicht ausreichend genau. Ist „rot" nun eine Eigenschaft des Schulhauses oder z. B. seiner Außenwand? Und heißt diese Eigenschaft nicht eher „Farbe"? Auch solche Probleme können wir vermeiden, indem wir eine weitere Vereinbarung treffen:

Eigenschaften von elektronischen Objekten, die man mit Hilfe einer Software beeinflussen kann, nennen wir **Attribute**. Ein Attribut hat einen festen, bei ein und demselben Objekt eindeutigen **Bezeichner** (z. B. „Füllfarbe"), mit dem man es identifizieren kann. Es macht ja keinen Sinn, einem Objekt „Schulhaus" zwei verschiedene Attribute mit dem Bezeichner „Farbe" zu geben.

Außerdem kann man einem Attribut einen **Wert** zuweisen, z. B. dem Attribut „Füllfarbe" den Wert „rot". Da man das mit verschiedenen Werten beliebig oft machen kann, kann ein Attribut im Lauf der Zeit also viele Werte annehmen. Zu einem bestimmten Zeitpunkt kann es jedoch höchstens einen Wert aufweisen. Vor der ersten Zuweisung ist der Wert eines Attributes nicht definiert, es hat also in diesem Fall noch keinen Wert.

In der nebenstehenden Tabelle sind einige Attribute und Attributwerte des Objektes Schulhaus1 aus Fig. 2 von Seite 8 zusammengestellt.

| Bezeichner des Attributes | Wert des Attributes |
|---|---|
| Füllfarbe | rot |
| Rahmenfarbe | schwarz |
| Rahmenstärke | 0,5 pt |
| Linienart | durchgezogen |
| LinkeObereEcke | (10; 10) |
| RechteUntereEcke | (30; 90) |

Leider werden unsere Aussagen mit zunehmender Genauigkeit auch immer länger und unübersichtlicher: Aus der einfachen Aussage „Das Schulhaus ist rot." wird jetzt (genau genommen): „Der Wert des Attributes ‚Füllfarbe' des Objektes mit dem Bezeichner ‚Schulhaus1' ist ‚rot'."

Um uns solche „Bandwürmer" zu ersparen, ohne dabei Genauigkeit zu opfern, führen wir eine eigene kleine Sprache ein (was die Informatiker sehr oft machen). Der obige Satz sieht darin so aus:

**Schulhaus1.Füllfarbe = rot**

Allgemein lautet eine Aussage dieser Form also:

*Objektbezeichner.Attributbezeichner = Attributwert*

Betreffen mehrere unmittelbar aufeinander folgende Aussagen ein bestimmtes Objekt, so kann man dessen Objektbezeichner auch vor alle diese Aussagen schreiben, um Schreibaufwand zu sparen:

**Für Schulhaus2:**
   **Füllfarbe = gelb;**
   **Rahmenfarbe = schwarz;**
   **Rahmenstärke = 1 pt;**

Mit Hilfe dieser neuen Sprache können wir nun mit sehr wenig Aufwand das Aussehen von Zeichnungen beschreiben.

Objekte in Grafiken

**Aufgaben**

**2**
Suche für alle Objekte der Grafik, die du als Lösung von Aufgabe 1 erstellt hast, einen passenden Bezeichner und beschrifte sie entsprechend. Erstelle für dein Objekt Schulhaus eine Tabelle, in der links die Attribute und rechts die zugehörigen Attributwerte stehen.

**3**
Für die Einladung zu deiner Geburtstagsparty zeichnest du mit Farbstiften oder mit einem Zeichenprogramm eine einfache Anfahrtsskizze, damit alle deine Gäste zu eurem Haus finden. Gib wichtigen Objekten (mindestens fünf) deiner Skizze geeignete Bezeichner, nenne einige ihrer Attribute (pro Objekt mindestens drei) und gib deren Wert an.

**4**

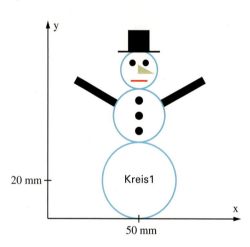

Verfasse für die Objekte und ihre Attribute in der Zeichnung des Schneemanns eine ähnliche Beschreibung, wie du sie in der Tabelle auf Seite 9 für das Objekt „Schulhaus1" findest.

*Vergleiche hierzu auch das Thema „Grafische Datenformate" auf Seite 25.*

**5**
Öffne ein Rastergrafikprogramm, definiere einen 50 Bildpunkte breiten und 30 Bildpunkte hohen Bildrahmen. Zeichne darin einen Goldfisch, der in blauem Wasser schwimmt. Aus wie vielen Bildpunkten setzt sich das Bild zusammen?

**6**

Frau Meier bestellt bei Schreiner Wegener ein Angebot für eine Kinderzimmereinrichtung. Sie zählt Ihre Wünsche auf:
„Das Bett brauchen wir 1,20 m × 1,80 m groß und 60 cm hoch mit einer 1,20 m hohen Lehne auf der Kopfseite. Es soll aus naturfarbenem Buchenholz bestehen. Das Nachtkästchen soll 20 cm tief, 40 cm breit und 60 cm hoch und ebenfalls aus Buchenholz sein. Allerdings wollen wir es hellblau gestrichen haben. Der Schrank muss 2 m hoch, 1,80 m breit und 60 cm tief sein und soll zwei Türen haben. Er soll ebenfalls aus Buchenholz sein, aber weiß gestrichen."
a) Übersetze diese Angaben in Objektschreibweise. Suche passende Bezeichner für die Objekte und ihre Attribute.
b) Zeichne einen Einrichtungsplan für ein Kinderzimmer mit diesen Möbeln.

**7**
Zeichne einen Plan eures Pausenhofs. Verändere ihn nach deinen Vorstellungen und überlege dir geeignete Objektbezeichner.

**8**
Stelle einen Regenbogen dar, indem du verschiedenfarbige halbkreisscheibenförmige Objekte übereinander zeichnest. Achte auf die richtige Reihenfolge und auf vernünftige Abmessungen.
Benenne die Objekte und notiere insbesondere diejenigen ihrer Attribute, die für das Gelingen der Zeichnung ausschlaggebend gewesen sind.

# 2 Objekte klassifizieren

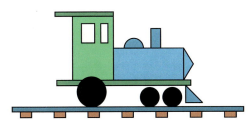

Fig. 1

**1**
Zeichne mit Hilfe eines Zeichenprogramms eine Dampflokomotive in Seitenansicht. Suche geeignete Bezeichner für die Objekte, aus denen die Lokomotive besteht. Erstelle für jedes Objekt eine Liste mit den Bezeichnern und den Werten seiner Attribute.

Meist weisen nicht alle Objekte einer Zeichnung dieselben Attribute auf. In Fig. 2 haben z. B. die Fenster ein Attribut „LinkeObereEcke", die Oberlichter oder die Uhr dagegen nicht. Die beiden letzteren besitzen aber (im Gegensatz zu den Fenstern) ein Attribut „Radius". Das Türschild hat als Textobjekt ein Attribut „Schriftart", das kein anderes Objekt in dieser Zeichnung aufweist. Zur genaueren Untersuchung wird für jedes der Objekte eine Liste seiner Attribute erstellt, wobei diejenigen weglassen werden, die alle Objekte in der Zeichnung aufweisen (z. B. Linienstärke oder Füllfarbe):

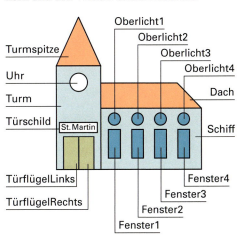

Fig. 2

| Objekt | Liste ausgewählter, typischer Attribute |
|---|---|
| Oberlicht1 … Oberlicht4 | Radius, Mittelpunkt |
| Fenster1 … Fenster4 | LinkeObereEcke, RechteUntereEcke |
| Uhr | Radius, Mittelpunkt |
| Turm | LinkeObereEcke, RechteUntereEcke |
| Schiff | LinkeObereEcke, RechteUntereEcke |
| Türschild | LinkeObereEcke, RechteUntereEcke, Schriftart |
| TürflügelLinks, TürflügelRechts | LinkeObereEcke, RechteUntereEcke |
| Turmspitze | Ecke1, Ecke2, Ecke3 |
| Dach | Ecke1, Ecke2, Ecke3, Ecke4 |

Da es sehr umständlich ist, für jedes Objekt einzeln festzuhalten, welche Attribute es hat, ordnet man Objekte mit den gleichen Attributen einer **Klasse** zu. Die Objekte in Fig. 2 könnte man folgendermaßen klassifizieren:

| Klassenbezeichner | zugeordnete Objekte |
|---|---|
| RECHTECK | Fenster1 … Fenster4, Turm, Schiff, TürflügelLinks, TürflügelRechts |
| KREIS | Oberlicht1 … Oberlicht4, Uhr |
| TEXTFELD | Türschild |
| DREIECK | Turmspitze |
| VIERECK | Dach |

**11**

Objekte klassifizieren

Zur Unterscheidung von Objektbezeichnern schreiben wir Klassenbezeichner immer mit Großbuchstaben.

Zwei Objekte werden derselben Klasse zugeordnet, wenn sie **genau dieselben** Attribute haben. Dafür ist es jedoch **nicht** notwendig, dass diese Attribute bei beiden Objekten auch die gleichen Werte aufweisen.

Man muss also genau auseinander halten, ob sich zwei Objekte nur in den Werten ihrer Attribute (z. B. Füllfarbe = blau oder Füllfarbe = rot) unterscheiden oder ob sie tatsächlich unterschiedliche Attribute aufweisen.

Aus dem obigen Satz folgt auch, dass eine Klasse alle Attribute der zugeordneten Objekte festlegt. Die Klasse eines Objektes spielt daher bei der Erzeugung neuer Objekte eine wichtige Rolle: Anstatt alle Attribute des neuen Objektes einzeln angeben zu müssen, kann man sich auf die Angabe der Klasse beschränken. Die Anweisung „Erzeuge ein Objekt mit den Attributen ‚Linienstärke', ‚Linienfarbe', ‚LinkeObereEcke', ‚RechteUntereEcke', ‚Schriftart', ‚Schriftgröße', ..." kann man zum Beispiel viel kürzer so formulieren: „Erzeuge ein Objekt der Klasse TEXTFELD."

Den Bezeichner einer Klasse sollte man möglichst so wählen, dass er viel über die Eigenschaften der zugeordneten Objekte aussagt. Dennoch ist bei der Interpretation dieser Bezeichner Vorsicht angesagt. So sind beispielsweise auch Textfelder rechteckig. Sie können aber nicht der Klasse RECHTECK zugeordnet werden.

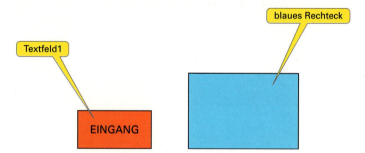

**Klassen und Mengen**

Obwohl man das vielleicht vermuten könnte, stellen die Klassen der Informatik im obigen Sinne keine Mengen im Sinne der Mathematik dar, u. a. aus folgendem Grund: Entfernt man aus zwei verschiedenen (mathematischen) Mengen jeweils alle ihre Elemente, so sind sie nicht mehr zu unterscheiden, da es sich dann in beiden Fällen um die leere Menge handelt. Die Informationen über die Elemente, die vorher in den Mengen enthalten waren, sind damit verloren gegangen. Die Klassen der Informatik enthalten dagegen immer alle notwendigen Informationen über den Aufbau ihrer zugeordneten Objekte, auch wenn es noch kein einziges Objekt von dieser Klasse gibt. Eine informatische Klasse ist also eigentlich eine **Beschreibung** oder ein **Bauplan** für eine bestimmte Art von Objekten.

Deshalb müssen wir in unserem Sprachgebrauch sehr vorsichtig sein: Objekte können einer Klasse „zugeordnet werden", sie „sind von" einer bestimmten Klasse, aber sie „gehören" nicht zu einer Klasse (im Sinne der „ist Element von"-Beziehung, die wir aus der Mathematik kennen).

Objekte klassifizieren

**Grafische Darstellung von Klassen und Objekten**

Im weiteren Verlauf dieses Buches werden wir oft die folgenden Darstellungen für Klassen und Objekte verwenden. Wir bezeichnen sie als **Klassen-** bzw. **Objektdiagramm**:

 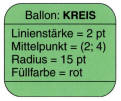

Die Klasse KREIS mit ihren Attributen        Das Objekt „Ballon" mit Attributen und Werten

Die Aussage:
„Das Objekt mit dem Bezeichner ‚Rad1' ist der Klasse KREIS zugeordnet."
kürzen wir folgendermaßen ab:

Wenn mehrere Objekte derselben Klasse zugeordnet werden, schreibt man:
Rad1, Rad2, Rad3: KREIS.

---

**Aufgaben**

**2**
Ordne die Objekte in deinem Plan vom Schulgelände jeweils einer Klasse zu.

**3**

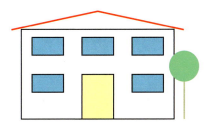

Maxi und Karla haben zusammen ein Haus gezeichnet.
a) Zeichne das Haus. Trage für alle vorkommenden Objekte passende Bezeichner ein.
b) Welchen Klassen können die einzelnen Objekte zugeordnet werden? Gib für mindestens drei Objekte Bezeichner und Werte von wichtigen Attributen in Kurzschreibweise an.

**4**
Suche alle Attribute, welche zwar die Klasse RECHTECK hat, nicht aber die Klasse LINIE.

**5**
Aus den folgenden Wortreihen soll das nicht passende Wort gestrichen werden. Finde einen Namen für eine mögliche Klasse, der die verbleibenden Objekte zugeordnet werden könnten.
a) Topf1, Pfanne1, Sieb1, Kasserolle1, Auflaufform1
b) UteHuber, PaulMüller, HeinrichSchmidt, TomKraus, MariusSchulz
c) England, Belgien, Bayern, Italien, Irland
d) Motorrad1, Auto1, Laster1, Mofa1, Traktor1, Fahrrad1
e) Glas1, Tasse1, Becher1, Flasche1, Kelch1, Krug1
f) MeerschweinchenTina, HundBello, KatzeMitzi, FroschHopsi
g) Berlin, Washington, Moskau, Paris, Sydney, Buenos Aires

**13**

Objekte klassifizieren

## 6

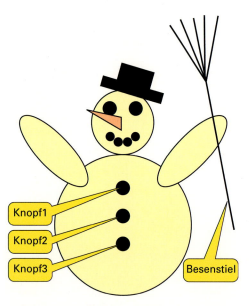

Zeichne den abgebildeten Schneemann (ohne Beschriftung).
Von welcher Klasse sind die einzelnen Objekte? (Beispiel: Auge1: KREIS)
Haben Knopf1 und Knopf2 die gleichen Attribute? Haben Knopf1 und Knopf2 die gleichen Attributwerte? In welchem Attributwert unterscheiden sie sich?
Gib wenn möglich die Werte der folgenden Attribute an:
Knopf3.Höhe,
Besenstiel.Füllfarbe,
Besenstiel.Linienfarbe.

## 7

Die Objekte auf diesem Schreibtisch lassen sich jeweils einer von fünf verschiedenen Klassen zuordnen. Überlege dir aussagekräftige Bezeichner für die Objekte und Klassen. Ordne dann durch Anlegen einer Tabelle die Objekte ihren Klassen zu.

## 8

a) Ordne die Objekte Violine1, Blockflöte1, Gitarre1, Pauke1, Saxophon1, Trommel1, Trompete1, Harfe1, Xylophon1 und Klavier1 den Klassen SAITENINSTRUMENT, BLASINSTRUMENT und SCHLAGINSTRUMENT zu.
b) Überlege zu jeder Klasse ein typisches Attribut, d. h. eines, das die Objekte der anderen Klassen möglichst nicht haben und notiere es bei der passenden Klasse.

## 9

Gegeben sind vier Objektdiagramme. Zeichne zu jedem ein passendes Objekt und füge die Figur zu einem sinnvollen Bild zusammen. Was entsteht?
Entwirf ebenfalls eine einfache Zeichnung aus vier bis fünf Objekten. Fertige Objektdiagramme an und lasse einen Mitschüler zeichnen.

| Rotlicht: **KREIS** |
|---|
| Radius = 0,7 cm |
| Füllfarbe = rot |
| Linienstärke = 1 pt |
| Linienfarbe = schwarz |

| Grünlicht: **KREIS** |
|---|
| Radius = 0,7 cm |
| Füllfarbe = grün |
| Linienstärke = 1 pt |
| Linienfarbe = schwarz |

| Gelblicht: **KREIS** |
|---|
| Radius = 0,7 cm |
| Füllfarbe = gelb |
| Linienstärke = 1 pt |
| Linienfarbe = schwarz |

| Kasten: **RECHTECK** |
|---|
| Höhe = 5,9 cm |
| Breite = 2,8 cm |
| Füllfarbe = grau |
| Linienstärke = 2 pt |
| Linienfarbe = schwarz |

## 10

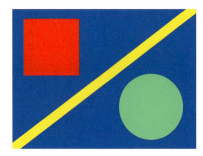

In einer kleinen Ausführung für die Internetseite eines neuen Staates ist die Flagge 20 Bildpunkte breit und 15 Bildpunkte hoch. Die Diagonale ist einen Bildpunkt dick, die Seitenlänge des Quadrats beträgt 6 Bildpunkte und der Durchmesser der Kreisscheibe 7 Bildpunkte.

a) Zeichne die kleine Flagge auf kariertes Papier. Verwende für jeden Bildpunkt ein ganzes Kästchen.
b) Benenne die Objekte, aus denen sich die Flagge zusammensetzt, ordne sie ihren Klassen zu und nenne alle wichtigen Attributwerte der Objekte.
c) Wenn man die Flagge als Rastergrafik (siehe auch Thema „Grafische Datenformate", Seite 25) betrachtet, ist jeder Bildpunkt ein Objekt von der Klasse PIXEL. Die Bildpunkte seien von links nach rechts und zeilenweise von oben nach unten fortlaufend durchnummeriert. Nenne die Werte des Attributs „Farbe" der Bildpunkte.
Dabei kannst du aufeinander folgende gleichfarbige Bildpunkte zusammenfassen. Beispiel:
Punkt1, ..., Punkt19.Farbe = blau.

## 11

Vergib für alle geometrischen Objekte aus nebenstehender Zeichnung eines nachdenklichen Schülers passende Bezeichner. Ordne sie anschließend geeigneten Klassen zu und nenne zu jedem Objekt zwei Attribute, die du erkennen oder messen kannst, mit ihren Werten.
Entwirf ähnlich einen „fröhlichen Schüler" mit einem Grafikprogramm.

## 12

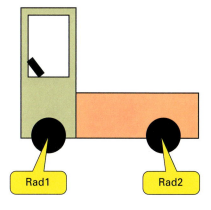

Wer hat Recht?
Manuel sagt: „Rad1 und Rad2 haben die gleichen Attribute."
Katja sagt: „Rad1 und Rad2 haben die gleichen Attributwerte."
Martina sagt: „Rad1 und Rad2 sind von derselben Klasse."

## 13

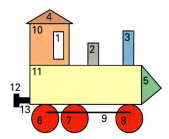

Zeichnet mit einem Grafikprogramm aus Objekten der bekannten Klassen ein Bild (siehe Beispiel). Gebt allen Objekten Zahlen als Bezeichner. Positioniert die Bezeichner in den Objekten wie im gezeichneten Beispiel der Lokomotive.
Entwerft schriftlich zu jedem Objekt ein Objektdiagramm mit wichtigen Attributen und ihren Werten. Entfernt nun alle Objekte, beachtet aber, dass die Bezeichner erhalten bleiben. So ergibt sich ein „Zahlenrätsel". Das wird ausgedruckt.
Tauscht das „Zahlenrätsel" mit einer anderen Gruppe und löst das eingetauschte Rätsel durch Erzeugung passender Objekte an entsprechender Stelle.

# 3 Objekte werden aktiv

**1**
Zeichne einen Plan für die Einrichtung eures Wohnzimmers. Versuche dabei, neue Objekte, soweit möglich, durch Kopieren und Verändern bereits vorhandener Objekte zu erzeugen. Schreibe in dein Heft ein möglichst präzises Protokoll aller deiner Arbeitsschritte.

Jedes technische Gerät verfügt über eine Reihe von Bedienelementen (Knöpfe, Schieber usw.), durch die der Benutzer bestimmte Aktionen aufrufen kann (z. B. ein- und ausschalten, Lautstärke regulieren, Waschprogramm starten). Was nach einem solchen Aufruf innerhalb des Gerätes im Einzelnen vorgeht, interessiert den Benutzer dabei meist nicht. Bei modernen Geräten sind das oft sehr komplizierte Vorgänge, wie z. B. die automatische Programmierung von Stationstasten bei einem Radiogerät oder ein bestimmtes Waschprogramm einer Waschmaschine.

Die Fähigkeit zur Ausführung solcher Aktionen kann daher eher dem Gerät als seinem jeweiligen Benutzer zugeschrieben werden: Das Radiogerät sucht sich einen neuen Sender, eine Klimaanlage reguliert ihre Ausgabetemperatur, eine Waschmaschine arbeitet ihr Waschprogramm ab. Der Benutzer ruft diese Aktionen lediglich „per Knopfdruck" auf, ohne zu wissen, was dabei genau vor sich geht.

Auch die elektronischen Objekte unserer Grafiken kann man „per Mausklick" dazu bringen, bestimmte Aktionen auszuführen, z. B. ihre Attribute mit Werten zu belegen, sich zu markieren, sich zu drehen, sich auszuschneiden, sich zu kopieren.

Die meisten dieser Vorgänge müssen für Objekte unterschiedlicher Klassen allerdings auf unterschiedliche Art ausgeführt werden. Oft sind mehrere Aktionen nötig. Wenn z. B. ein Objekt der Klasse BAUM um 90° nach rechts gedreht werden soll, dann muss einerseits der Baum in seiner neuen, gedrehten Form gezeichnet und andererseits die durch die Drehung frei werdende Fläche innerhalb des Umrisses unseres Baumes mit der jeweiligen Hintergrundfarbe gefüllt werden.

Beide Aktionen erfordern umfangreiche Informationen über die Form, die Lage und die Abmessungen unseres Baumes. Da diese Informationen in den Objekten selbst gespeichert sind (nämlich in deren Attributen), ist nur das Objekt selbst in der Lage, diese Aktionen auszuführen: „Das Objekt ‚Baum1' dreht sich um 90° nach rechts."

Handlungen, die ein „elektronisches" Objekt ausführen kann, nennt man in der Informatik **Methoden**. Das Objekt Baum1 verfügt z. B. über die Methode „Rechtsdrehen".

Da „elektronische" Objekte keine Bedienelemente (z. B. Knöpfe oder Schalter) aufweisen, stellt sich die Frage, wie man sie zur Ausführung ihrer Methoden bewegen kann. Eine wichtige Rolle spielt in diesem Zusammenhang die Methode „Markieren", mit der sich das Objekt als Empfänger für weitere Methodenaufrufe kennzeichnen kann. Diese Methode wird meist durch einfaches oder doppeltes Anklicken des jeweiligen Objektes aufgerufen.

Sind ein oder mehrere Objekte markiert, so kann man diesem bzw. diesen oft mit mehreren verschiedenen Aktionen den Befehl zur Ausführung einer bestimmten Methode zukommen lassen, z. B., indem man:
(1) einen bestimmten (Unter-) Menüpunkt anklickt,
(2) mit der Maus auf ein entsprechendes Bildsymbol klickt oder
(3) eine Kombination von Tasten drückt.

Um die Methode „Ausschneiden" eines markierten Objektes aufzurufen, könnte man z. B.:
(1) Bearbeiten – Ausschneiden anklicken,
(2) auf die Schere klicken,
(3) gleichzeitig die Tasten „Strg" und „X" drücken.
Alle drei Bedienungsvorgänge haben exakt dieselbe Wirkung.

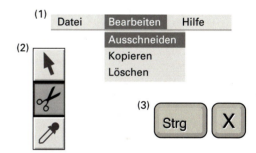

Für den Aufruf der Methode „Ausschneiden" des Objektes „Kreis1" schreiben wir kurz:

**Kreis1.Ausschneiden()**

Das Klammerpaar nach dem Bezeichner der Methode dient u. a. der Unterscheidung zwischen Methoden und (eventuell gleichnamigen) Attributen eines Objektes.

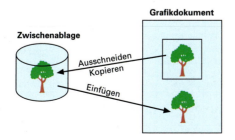

Die Methoden „Ausschneiden", „Kopieren" und „Einfügen" erfordern als Hilfsmittel einen (meist unsichtbaren) Behälter, der als **Zwischenablage** bezeichnet wird. Die Methoden „Ausschneiden" oder „Kopieren" legen darin eine Kopie des bearbeiteten Objektes an, auf welche dann die Methode „Einfügen" zurückgreifen kann.

„Einfügen" ist dann eine Methode des Objektes in der Zwischenablage (genauer: des aus der Zwischenablage einzufügenden Objektes), die beim Aufruf eine Kopie dieses Objektes in der Zeichnung anlegt.

„Kopieren" erzeugt eine Kopie des ausgewählten Objektes in der Zwischenablage. „Ausschneiden" entfernt es zusätzlich aus der Originalzeichnung.

Oft ist es notwendig, eine Methode genau an die jeweilige Aufgabenstellung anzupassen. So könnte es z. B. notwendig werden, unseren Baum um 35° anstatt um 90° nach rechts zu drehen. Eine andere Aufgabenstellung erfordert vielleicht eine Drehung um 17°, 53° oder 169°. Nun könnte man auf die Idee kommen, für jeden Drehwinkel eine eigene Methode einzuführen, was jedoch zu einer völlig unübersichtlichen Flut von sehr ähnlichen Methoden führen würde.

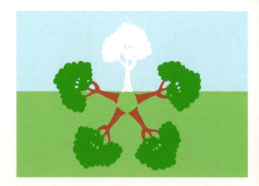

Viele Methoden bieten daher die Möglichkeit, sie durch Angabe eines Wertes genau an die Aufgabenstellung anzupassen. So kann in der Methode „Drehen" der gewünschte Drehwinkel angegeben werden, z. B. 35° oder 90°. Diesen Wert (er heißt **Parameterwert**) schreiben wir in diesen Fällen beim Aufruf der Methode zwischen die runden Klammern:

**Baum1.Drehen(45°)**

Besonders wichtig sind die Methoden zum Setzen der Attributwerte, die man immer dann aufrufen muss, wenn der Wert irgendeines Attributes geändert werden soll.

Nach dem Methodenaufruf
**Kreis1.FüllfarbeSetzen(gelb)**
gilt auf jeden Fall die Aussage:
**Kreis1.Füllfarbe = gelb**

Zu jedem Attribut X eines Objektes Y muss daher eine Methode „Y.XSetzen" zur Verfügung gestellt werden, die man mit Y.XSetzen(neuerWert) aufruft.

*Klassen- und Objektdiagramm mit Methoden*

# Objekte werden aktiv

**Aufgaben**

## 2
Erfinde geeignete Bezeichner für die Methoden eines CD-Spielers und gib an, wie sie aufgerufen werden.

## 3

Welcher Klasse können die einzelnen Objekte jeweils zugeordnet werden? Zeichne selbst einen solchen Dampfer und beschreibe genau, welche Methoden du dazu aufrufst. Zeichne möglichst nicht jedes Objekt neu.

## 4
Zeichne ein Haus in Seitenansicht. Verwende möglichst oft die Methoden „Kopieren" und „Einfügen". Protokolliere dabei alle Methodenaufrufe und ordne sie jeweils einem Objekt zu.

## 5
Zeichne einen Plan deines Klassenzimmers. Überlege dir, wie die Arbeit (viele gleiche Tische und viele Stühle) zu vereinfachen ist. Welche Methoden werden verwendet?

## 6
Erzeuge ein Mandala, indem du möglichst wenige Grundobjekte anlegst und das Mandala dann daraus durch Kopieren, Verschieben und Drehen vervollständigst.

*Mandala*

## 7
Gib an, wie die Methoden „Ausschneiden", „Kopieren" usw. in dem Grafikprogramm aufgerufen werden, das du bisher benutzt hast.

## 8
Warum kann man die Methoden „Einfügen", „Kopieren", „Ausschneiden" im Menü „Bearbeiten" manchmal aktivieren und manchmal nicht? Welche Voraussetzung muss für ihren Aufruf jeweils erfüllt sein?

## 9
Zeichne einen Zug mit Dampflokomotive in Seitenansicht aus den Objekten Wagen1, ..., Wagen3, Dampfkessel, Führerhaus, Kamin: RECHTECK; Kupplung1, ..., Kupplung3, Schiene: LINIE; Rad1, ..., Rad8: ELLIPSE. Erzeuge dabei möglichst viele Objekte durch Kopieren bereits vorhandener.

## 10
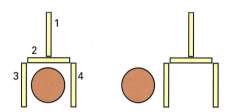

Die vier Hölzchen sind jeweils 3 cm lang und 0,25 cm dick. Sie sollen eine Kuchenschaufel darstellen. Wenn du ein wenig nachdenkst, kannst du das Törtchen durch Umlegen von Hölzchen von der Kuchenschaufel entfernen, ohne es zu berühren.
a) Notiere, welche Methoden welcher Objekte dazu aufgerufen werden, wenn man die obige Lösung in einer Zeichnung nachvollzieht.
b) In a) werden drei Hölzchen bewegt. Schaffst du es auch mit nur 2 Hölzchen?

## 11
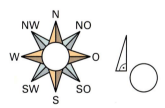

Zeichne mit Hilfe eines Grafikprogramms ein rechtwinkliges Dreieck und einen Kreis. Erzeuge daraus durch Kopieren, Einfügen und Spiegeln dieser Elemente eine Windrose. Protokolliere alle Methodenaufrufe mit.

## 12
Wo liegt der grundsätzliche Unterschied in der Wirkung der beiden Methoden „Löschen" bzw. „Ausschneiden"?

## 13

Zeichne eine Skizze deines Zimmers (ersatzweise eures Wohnzimmers) mit Objekten für Schrank, Bett, Tisch usw. Benenne die Objekte und ordne sie ihrer jeweiligen Klasse zu. Nun möchtest du das Zimmer umräumen. Führe die Veränderungen in deiner Skizze aus und beschreibe sie durch Methodenaufrufe in der Objektschreibweise.

## 14

Kannst du das Rätsel lösen? Notiere im Heft.

| Waagerecht: | Senkrecht: |
|---|---|
| 3 Gib dem Objekt einen Namen. | 1 Diese Klasse besitzt das Attribut Füllfarbe. |
| 6 Diese Klasse hat kein Attribut Füllfarbe. | 2 Eine runde Sache diese Klasse |
| 7 Eine Eigenschaft eines Objektes einer Klasse | 4 Die Anzahl der Ecken ist kleiner als vier. |
| 10 Zusammenfassung von Objekten mit gleichen Eigenschaften und Methoden | 5 Womit gehen wir in Informatik um? |
| | 8 Diese Objekte findest du in Wörtern. |
| 11 Ein Objekt kann handeln. | 9 Viele Objekte aus 8 ergeben zusammen einen … |

## 15

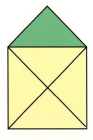

Das „Haus des Nikolaus" soll ein rotes Dach bekommen und das X soll durch eine Tür ersetzt werden. Protokolliere sorgfältig alle Methodenaufrufe und ordne sie jeweils einem Objekt zu.

## 16

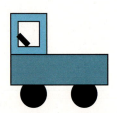

Der Lastwagen der Firma Kastner ist zu klein. Benötigt wird ein Dreiachser mit größerer Länge und eine geschlossene Ladefläche. Zeichne den Laster wie abgebildet und lasse danach die betreffenden Objekte Methoden zur erwünschten Veränderung des Bildes ausführen. Protokolliere die Methodenaufrufe.

## 17

Die Maus (das dunkelgraue Objekt aus der Klasse ELLIPSE) soll durch das Labyrinth laufen und die Käsestücke auffressen. Stelle den Ablauf mit Hilfe von Methodenaufrufen dar. Maus.Laufen(3) soll z. B. bedeuten, dass sich die Maus um drei Felder vorwärts bewegt und Maus.Drehen(links), dass sie sich um 90° nach links dreht.

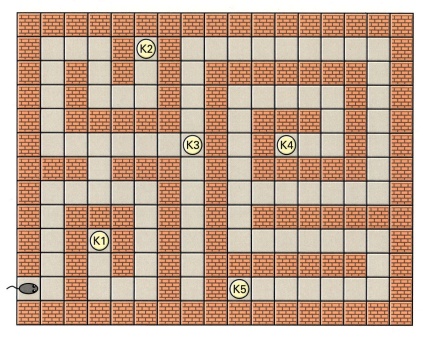

## 18

Aus den folgenden Objekten mit ihren Attributen und deren Werten lässt sich ein Bild zusammenfügen. Zeichne.

Dach: DREIECK
Höhe = 2,6 cm
Breite = 3,8 cm
Linienstärke = 0,75 pt
Linienfarbe = rot
Füllfarbe = rot

Stamm: LINIE
Länge = 3,8 cm
Linienstärke = 22 pt
Linienfarbe = braun
Ausrichtung = senkrecht

Ausblick1, 2: RECHTECK
Höhe = 1,2 cm
Breite = 0,9 cm
Linienstärke = 2 pt
Linienfarbe = schwarz
Füllfarbe = blau

Durchlass: RECHTECK
Höhe = 1,6 cm
Breite = 1,3 cm
Linienstärke = 2,5 pt
Linienfarbe = schwarz
Füllfarbe = hellbraun

Krone: KREIS
Durchmesser = 4,5 cm
Linienstärke = 1 pt
Linienfarbe = grün
Füllfarbe = grün

Figur: MONDSICHEL
Höhe = 3,2 cm
Breite = 2,1 cm
Linienstärke = 1 pt
Linienfarbe = gelb
Füllfarbe = gelb

# 4 Darstellung von Information

**1**
„Im April 2004 setzte sich der Deutsche Bundestag aus den folgenden Fraktionen zusammen: SPD: 250 Sitze, CDU/CSU: 247 Sitze, Bündnis 90/Die Grünen: 55 Sitze, FDP: 47 Sitze, fraktionslos: 3 Sitze."
Stelle die Information, die in diesem Text enthalten ist, auf verschiedene Arten dar:
– als Tabelle,
– als Säulendiagramm,
– als Tortendiagramm.
Überlege, ob sich diese drei Informationsdarstellungen in der enthaltenen Information unterscheiden. Welche Vor- bzw. Nachteile haben die einzelnen Darstellungen?

Meist kann man eine bestimmte Information auf mehrere (oft sehr unterschiedliche Arten) darstellen. Dem in Fig. 1 abgebildeten Verkehrsschild kann man die folgende Information entnehmen:
„Achtung! In 200 m Entfernung beginnt eine Gefällestrecke, auf der man pro 100 m Vorwärtsbewegung 8 m an Höhe verliert."
Bei diesem Text handelt es sich um eine (weitere) Darstellung genau derselben Information, die das Verkehrsschild vermitteln will.

Fig. 1

Warum schreibt man dann nicht gleich diesen Text auf ein Schild an der Straße? Dies hätte einige gravierende Nachteile, wie z. B.:
– der Text ist nur verständlich, wenn man die deutsche Sprache ausreichend beherrscht,
– man benötigt mehr Zeit zum Lesen,
– aus größerer Entfernung ist er nicht lesbar.

Für die Verkehrsschilder hat man im Lauf der Jahre eine spezielle Symbolsprache entwickelt, die versucht, eben diese Nachteile einer Darstellung in Textform zu vermeiden.

Dieselbe Information kann man also auf mehrere Arten darstellen. Je nachdem, was die Darstellung leisten soll, entscheidet man sich für die eine oder die andere Form.

Was hat das mit Computern zu tun? Im Grunde genommen haben auch die modernsten und leistungsfähigsten Rechenanlagen nur ganz wenige Fähigkeiten: Sie können Informationsdarstellungen in Form von Daten aufnehmen, speichern, transportieren, verarbeiten und schließlich auf geeigneten Medien wiedergeben. Die Daten zur Sitzverteilung des Bundestages im April 2004 (siehe Aufgabe 1) können z. B. mit Hilfe einer speziellen Software (Tabellenkalkulation) in Form einer Tabelle eingegeben und gespeichert werden. Die Software übernimmt dann die Aufgabe, diese Tabelle in ein Diagramm umzusetzen und dieses am Bildschirm oder Drucker darzustellen. Die enthaltene Information hat sich dabei aber nicht verändert.

Informationen können also auch auf dem Rechner z. B. in Form von Texten, Tabellen oder Grafiken dargestellt werden. Für welche dieser Formen man sich entscheidet, hängt auch hier von den Umständen der weiteren Nutzung ab: Diagramme wirken optisch ansprechender und eingängiger als Tabellen, obwohl aus ihnen auch nicht mehr Information entnommen werden kann. Tabellen sind dagegen schneller und mit weniger Aufwand zu erstellen. Texte benötigen meist den geringsten Speicherplatz.

Man muss sich also für jeden Einzelfall entscheiden, mit welchen Mitteln die verfügbare Information so gut wie möglich dargestellt werden kann. Eine optimale Wahl der Darstellung bedeutet immer, dass der Empfänger genau die Information aus der Darstellung herauszulesen vermag, die man ihm zukommen lassen möchte.

Fig. 1

Eine Fotografie wie in Fig. 1 gibt zum Beispiel Auskunft über die Personen und ihre Kleidung, die Lage und die Umgebung des Picknickplatzes, das Wetter und was es zu essen gab. Natürlich könnte man alle diese Informationen auch durch einen Text darstellen. Wäre aber ein Leser wirklich in der Lage, aus der textuellen Beschreibung ein genaues Bild des Picknickplatzes zu entnehmen? Auf der anderen Seite gibt ein Bild keine Auskunft über das Datum, die Uhrzeit und den Anlass des Picknicks. Das könnte man besser durch einen Text vermitteln.

Oft muss man mehrere Darstellungsformen kombinieren, wie z. B. Texte mit Grafiken oder Grafiken mit Tabellen. Dazu benötigt man „gemischte" Formate, für die es oft mehrere Möglichkeiten gibt. Will man z. B. eine Kombination aus Texten und Bildern erstellen, so könnte man entweder
1. ein Textdokument erstellen und die Bilder darin einbauen (so ist diese Seite aufgebaut)

oder

2. ein Grafikdokument mit Textfeldern versehen, wie in Fig. 2.

Je nachdem, ob Texte oder Bilder überwiegen, wird man sich eher für die erste oder die zweite Möglichkeit entscheiden und das entsprechende Softwarewerkzeug wählen.

Fig. 2

Moderne Multimedia-Techniken haben eine Vielzahl von Datenformaten und jeweils passenden Werkzeugen hervorgebracht. Die folgende Tabelle gibt einen kleinen Überblick:

Darstellung von Information

| Darstellungsform | Beispiele | Formate |
|---|---|---|
| Klänge | Musikstücke, Buchlesungen, Erzählungen, Hörspiele | WAV, MIDI, MP3 |
| Filme | Videoclips, Urlaubsfilme, Spielfilme | AVI, MPEG1, MPEG2 |
| Fotos | Urlaubsfotos, Passfotos, Klassenfotos | JPG, GIF, TIFF, BMP |

Die in der Tabelle rechts angegebenen Formate sind gängige Abkürzungen. Mehr zu diesem Thema findest du im folgenden Thema über „Grafische Datenformate" auf Seite 25.

**Aufgaben**

**2**
In Fig. 1 ist der Stammbaum der modernen Primaten dargestellt. Beschreibe in einem Text, welche Informationen du daraus entnehmen kannst.

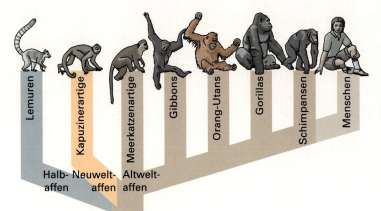

Fig. 1

**3**
Am Armaturenbrett eines PKW finden sich viele Anzeigegeräte mit verschiedenen Skalen. Stelle fest, welche Informationen von den einzelnen Geräten angezeigt werden.

**4**
Fig. 2 zeig einen Ausschnitt aus dem Abfahrtsplan der Züge vom Bahnhof Karlsruhe. Welche Informationen über den Zug „EC 100" kann man daraus entnehmen?

```
14.12   EC 100   BERNER OBERLAND                              3
Mo–Sa*   ⫽ 🚲    Mannheim 14.37 – Mainz 15.18 ☺
                 Köln 17.06 – Essen 17.18 –
                 Dortmund Hbf 18.21 –
                 außer Sa, nicht 25. Dez, 9. Apr
                 Bremen 20.11 – Hamburg Hbf 21.12 –
                 HH-Altona 21.26
                 *nicht 12. Apr, 31. Mai; auch 11. Apr, 30. Mai
```

Fig. 2

**5**
Nimm dir eine Straßenkarte wie in Fig. 3 vor und stelle fest, wie darin folgende Informationen dargestellt werden: Autobahn, Autobahn im Bau, Fernverkehrsstraße, Hauptstraße, schöner Aussichtspunkt, Verkehrsflughafen, Entfernung auf Autobahnen bzw. Fernverkehrsstraßen, schönes Stadtbild, landschaftlich schöne Strecke, Campingplatz, Kirche.

Fig. 3

**6**
Informationen über die Lage von Gegenständen kann man durch Grundrisszeichnungen darstellen. Fertige einen Grundrissplan deines Klassenzimmers an.

**7**
Zeichne eine Verkehrszeichenkombination, die folgende Information vermittelt:
„Nach 200 m beginnt eine Strecke mit Überholverbot".

## Grafische Datenformate

In jedem Arbeitszimmer finden sich viele verschiedene Systeme zur Aufbewahrung von Gegenständen: Kassetten kommen z. B. in ein eigenes Kassettenregal mit 3 Spalten zu je 14 Steckplätzen, die Spiele lagern waagerecht übereinander gestapelt im 4. und 5. Regalfach auf der rechten Seite, die Bücher senkrecht nebeneinander im 2. Fach des Schreibtischregals. Es wären aber auch ganz andere Anordnungen denkbar, z. B. die Bücher waagerecht aufeinander und die Spiele senkrecht aufgestellt.

Fig. 1

Softwarewerkzeuge verwenden zur Aufbewahrung und Weiterverarbeitung von Daten ganz ähnliche Systeme. Diese Systeme heißen Datenformate. Für Grafikdokumente, wie sie z. B. in Form eines Fotos von einer Blume oder eines Lageplans vorliegen, folgen diese Datenformate im Wesentlichen einem von zwei Prinzipien. Zur näheren Betrachtung dieser beiden Möglichkeiten wird davon ausgegangen, dass zunächst nur ein einfacher Kreis dargestellt werden soll. Die Software speichert dann entweder
– alle einzelnen Punkte des Kreises mit ihrer Farbe (vgl. Fig. 2) oder
– alle zur Darstellung notwendigen Attributwerte des Objektes „Kreis" wie Mittelpunkt, Radius, Linienstärke, Füllfarbe usw.
Im ersten Fall spricht man von einer Raster-, im zweiten von einer Vektorgrafik.

### 1. Rastergrafik

Wie soll man aber alle Punkte eines Kreises erfassen, wenn es unendlich viele davon gibt? Hier wird eine grundsätzliche Beschränkung bei allen Rechnern deutlich: Sie sind in jeder Hinsicht begrenzt! Das betrifft sowohl die Anzahl ihrer Speicherplätze und ihre Rechenzeit wie auch ihre Lebensdauer und ihre „Intelligenz". Rechner können also grundsätzlich immer nur eine endliche Anzahl von Punkten darstellen. Wir müssen daher versuchen, bei der Darstellung unseres Kreises mit einer endlichen Anzahl von Punkten auszukommen.

**1**
Versuche, auf einem Ausschnitt von $10 \times 10$ Kästchen eines karierten Blattes durch vollständiges Färben einzelner Kästchen einen Kreis darzustellen. Bist du mit dem Ergebnis zufrieden? Wo liegt das Problem? Wie könnte man die Darstellung verbessern?

**2**
Fig. 3 stellt eine Rastergrafik dar. Beschreibe die Objekte einer gleich aussehenden Vektorgrafik.

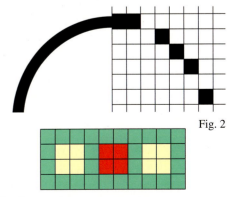

Fig. 2

Fig. 3

Grafische Datenformate

Für einigermaßen ansprechende Grafiken müssen wir einfach nur sehr viele Punkte verwenden und für jeden dieser Punkte eine große Anzahl verschiedener Farben zulassen.

Das Bild der Ente in Fig. 1 besteht aus 400 000 Punkten (in 500 Zeilen zu je 800 Punkten), von denen jeder eine aus 256 möglichen Farben annehmen kann. Die entscheidende Größe für die Qualität einer Rastergrafik ist ihre Auflösung, angegeben in Punkten pro Längeneinheit (z. B. dpi für „Dots per Inch"; die Länge 1 Inch entspricht 2,54 cm).

Fig. 1

Eine Vergrößerung des Augenbereichs unserer Ente (Fig. 2) lässt aber deutlich werden, dass es sich tatsächlich immer noch um eine Rastergrafik handelt. Man erkennt auch, dass die Qualität einer Rastergrafik mit derart wenigen Punkten nicht mehr akzeptabel ist.

**3**
Aus wie vielen Punkten besteht das Bild in Fig. 2? Berechne, wie viele dpi dieses Bild aufweist.

Fig. 2

Der größte Nachteil von Rastergrafiken ist ihr hoher Verbrauch an Speicherplatz. Das Bild unserer Ente verbraucht z. B. rund 320 KByte Speicherplatz. Um diese Größe zu berechnen, muss man sich zuerst mit der Informationseinheit 1 Bit befassen.

**Bits und Bytes**
Ein Bit ist die kleinste mögliche Einheit für die Größe von Datenspeichern, mit der man einen von zwei möglichen Werten darstellen kann, z. B. 0 oder 1, wahr oder falsch, schwarz oder weiß. Die Speicher von Computern bestehen im Wesentlichen nur aus solchen Einheiten von 1 Bit. Alle Daten werden intern nur in Form von 0 und 1 gespeichert.

Fig. 3

Um große Datenmengen darzustellen, braucht man sehr viele von diesen kleinen Bits. Da es Menschen sehr schwer fällt, sich lange Folgen von Nullen und Einsen zu merken (z. B. 010100111001010100101010…), fasst man meist mehrere solcher Bits zu einer Gruppe zusammen. Es hat sich aus vielerlei Gründen als günstig erwiesen, jeweils 8 Bits zu einer neuen Einheit zusammenzufassen, die man 1 Byte nennt: **1 Byte = 8 Bit**.

Mit 1 Byte kann man einen aus 256 verschiedenen Werten darstellen, z. B. eine der Zahlen 0 bis 255 oder eines aus 256 Zeichen. Daher benötigt man zur Angabe der Farbe eines Punktes in einer Rastergrafik bei 256 möglichen Farben genau 1 Byte.

Heute sind (im Vergleich zu den Anfangsjahren der Informatik) riesige Datenspeicher üblich, für die man große Vielfache von 1 Byte benötigt. Da ein Bit nur einen der beiden Werte null oder eins annehmen kann, ist es praktisch, als Faktor eine Zweierpotenz zu verwenden. Man benutzt für diese Stufen die Zahl $1024 = 2^{10}$ anstatt der Dezimalzahl 1000. Das „Kilo" der Informatik weicht also etwas vom ansonsten üblichen „Kilo" z. B. in Kilometer ab.

1 Kilobyte (KB) = 1024 Byte
1 Megabyte (MB) = $1024 \times 1024$ Byte = 1 048 576 Byte
1 Gigabyte (GB) = $1024 \times 1024 \times 1024$ Byte = 1 073 741 824 Byte

Ein Bild aus 500 Zeilen zu je 800 Punkten mit 256 möglichen Farben wie in Fig. 1 auf Seite 26 verbraucht (völlig unabhängig von den dargestellten Objekten) 400 000 Byte, also ca. 400 KByte.

## 2. Vektorgrafik

Bei dieser Art der Darstellung werden die wichtigsten geometrischen Merkmale der Objekte (anstatt der Eigenschaften aller seiner Punkte) festgehalten.

Diese Grafikdarstellung heißt Vektorgrafik, weil sie mit Hilfe von mathematischen Objekten, die Vektoren genannt werden, beschrieben werden kann.

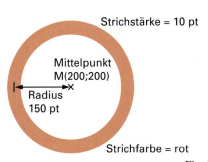

Fig. 1

Das Grafikdokument besteht bei Vektorgrafiken also nicht mehr aus einer Reihe von Punkten wie bei Rastergrafiken, sondern aus einer Reihe geometrischer Objekte (z. B. Kreise, Rechtecke, Textfelder).

Wir wollen davon ausgehen, dass unser Kreis in einem Raster aus 640 Zeilen zu je 500 Punkten mit 256 möglichen Farben dargestellt werden soll. Die Breite der Kreislinie soll maximal 10 Punkte betragen. Dann benötigen wir folgende Wertebereiche für die Attribute des Kreises:

Mittelpunkt:
$0 \leq$ x-Koordinate $\leq 350$
$0 \leq$ y-Koordinate $\leq 420$

Kreislinie:
$0 \leq$ Radius $\leq 270$
$0 \leq$ Strichstärke $\leq 10$
$0 \leq$ Farbe $\leq 255$

In der Praxis sind Speichermedien so eingeteilt, dass ihre kleinste nutzbare Speichereinheit (mindestens) 8 Bit = 1 Byte beträgt. Für die Speicherung einer Zahl, die kleiner ist als 256, benötigen wir damit 1 Byte, für alle größeren Zahlen aus der obigen Liste jeweils 2 Byte (solange sie kleiner sind als 65 535). Der Speicherverbrauch für den Kreis beträgt damit:

| | | | |
|---|---|---|---|
| x-Koordinate: | 2 Byte | Strichstärke: | 1 Byte |
| y-Koordinate: | 2 Byte | Farbe: | 1 Byte |
| Radius: | 2 Byte | Insgesamt also 8 Byte. | |

## 3. Vergleich der beiden Formate

Unser Kreis belegt als Rastergrafik offensichtlich rund 40 000-mal so viel Speicherplatz wie als Vektorgrafik. Daraus ergibt sich die Frage, warum man überhaupt Rastergrafiken verwendet, wenn die doch eine solche Verschwendung von Speicherplatz verursachen. Dafür gibt es (mindestens) zwei Gründe:

1. Es gibt grafische Information, die sich sehr schwer mit geometrischen Objekten darstellen lässt (z. B. Landschaften, Gesichter oder Tiere wie unsere Ente aus Fig. 1, Seite 26).
2. Wenn Grafiken so dargestellt werden sollen, dass sie von menschlichen Benutzern betrachtet werden können, so muss man sie auf einem entsprechenden Ausgabegerät abbilden. Da die meisten Ausgabegeräte (Bildschirme, Laser- und Tintenstrahldrucker usw.) intern mit einem Punkteraster arbeiten, wird aus jeder Vektorgrafik am Ende meist doch wieder eine Rastergrafik, wenn auch nur auf der untersten technischen Ebene.

Übrigens gibt es auch zunehmend Programme, die Mischformate verwenden, zum Beispiel Rastergrafiken für Fotos, über die Vektorgrafiken für Zeichnungen auf diesen Fotos gelegt sind.

## 4. Kompressionsverfahren

Gegen den Speicherhunger von Rastergrafiken kann man im Übrigen etwas tun: Es gibt Kompressionsverfahren, die Rastergrafiken mit wesentlich geringerem Speicherplatzbedarf darstellen können, als ihn unkomprimierte Formate benötigen würden. Die in einer Rastergrafik enthaltene Information kann so vollständig, aber mit wesentlich weniger Speicherbedarf dargestellt werden. Anstatt z. B. 30 weiße Punkte aufeinander folgen zu lassen (30 Byte bei 256 Farben), kann man auch sagen: „jetzt kommt 30-mal ein weißer Punkt", kurz: (30, weiß). Wenn die erste Zahl 3 Byte benötigt und die Angabe der Farbe 1 Byte, sind hierzu also insgesamt 4 Byte notwendig. Im Vergleich zur unkomprimierten Darstellung haben wir somit 26 Byte gespart. Allerdings hängt der Erfolg dieses Verfahrens stark von der Struktur der Rastergrafik ab. Falls jeder Punkt eine andere Farbe als sein Vorgänger hat, kann man auf diese Weise überhaupt nichts einsparen.

Zusätzlich zu solchen verlustfreien Kompressionsmechanismen kann man noch auf Informationen, die für unser Auge ohnehin nicht wichtig sind, z. B. zu fein aufgelöste Farbübergänge, verzichten. Anstatt von einer roten zu einer blauen Stelle in einer Entfernung von 100 Punkten z. B. 100 verschiedene Farben zu verwenden, kann man auch für je 20 Punkte eine „gemittelte Farbe" verwenden.

Am Beispiel unserer Ente (Fig. 1, Seite 26) in einem Raster von 500 × 800 Punkten mit jeweils 256 Farben ergibt sich unter Benutzung komprimierter Datenformate die folgende Ersparnis an Speicherplatz:

# Grafische Datenformate

Fig. 1

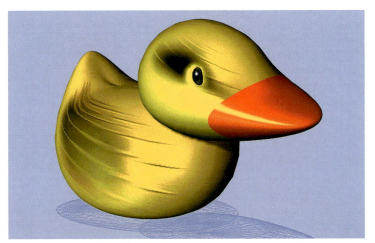

Fig. 2

Fig. 3

Unkomprimiert im BMP-Format braucht die Datei 392 KB Speicherplatz (Fig. 1).

Die gleiche Grafik abgespeichert im verlustfreien GIF-Format benötigt nur 156 KB Speicherplatz (Fig. 2).

Wenn man die Qualität der beiden Bilder aus Fig. 1 – der Grafik im BMP-Format – und Fig. 2 – der Grafik im GIF-Format – vergleicht, erkennt man, dass es keinen „optischen Verlust" zwischen diesen beiden Abbildungen gibt.

Das gleiche Bild im JPG-Format (Fig. 3) erscheint dagegen schon sehr grob strukturiert. Diese Speichermethode ist verlustbehaftet. Im JPG-Format benötigt die Grafik dagegen nur 12 KB Speicherplatz. Wegen des geringeren Speicherbedarfs eignet sich dieses Format besonders, um Grafikdateien elektronisch zu versenden.

> Erklärung zu den Datenformaten:
> - BMP steht für „Bitmap".
> - GIF steht für „Graphics Interchange Format" der Firma Compuserve®.
> - JPG ist eine Kurzfassung von JPEG für „Joint Photographic Experts Group".

Im Internet haben sich hauptsächlich die Grafikformate GIF und JPG durchgesetzt. GIFs haben nur 256 Farben, sind aber sonst sehr flexibel. Man kann GIFs so aufbauen, dass die Grafik beim Laden erst einmal ganz grob angezeigt wird. Je mehr davon übertragen ist, desto mehr Details sieht man. JPGs sind True-Color-Grafiken. Es stehen 16,7 Millionen Farben zur Auswahl. Sie lassen im Gegensatz zu den GIFs verschiedene Kompressionsgrade auf Kosten der Bildqualität zu.

Zusammenfassend kann man sagen, dass besonders bei der Übertragung von Grafikdateien Kompressionsverfahren sinnvoll eingesetzt werden. GIFs eignen sich für alles, was kein Foto ist. Für Fotos sind normalerweise JPGs besser.

# II Objektbeziehungen

## Einführung

Monika Röhner freute sich über die auffallend gute Laune ihrer Tochter Lisa. „Der neue Computer und das neu eingeräumte Zimmer machen ihr offensichtlich wirklich viel Spaß", dachte sie. Das stimmte zwar, aber Lisa war auch deshalb so gut gelaunt, weil sie nun endlich an ihrem eigenen Computer ausprobieren konnte, was sie bisher von Elena gelernt hatte. Wenn sie das gut hinbekam, so dachte sie, würde es ihr auch leichter fallen, Elena weiter um Rat zu fragen, wenn sie mit etwas nicht zurechtkam. In der letzten Zeit war ihr das doch ein bisschen schwer gefallen. Solange sie auch draußen viel zusammen unternommen hatten, war es für sie kein Problem, dass Elena so viel mehr von Computern verstand als sie. Dafür hatte sie zum Beispiel mehr Ausdauer beim Schwimmen und beim Inlineskaten die bessere Technik. Aber in den letzten Tagen hatten sie wegen des schlechten Wetters lange vor dem Computer gesessen. Und da stellte immer sie die Fragen – und Elena hatte für alles eine Antwort. Aber nun besaß sie ihren eigenen Computer und hatte inzwischen auch Einiges gelernt. Das Programm, mit dem sie für Antonia den Grundriss ihres Zimmers gezeichnet hatte, und auch das Bildbearbeitungsprogramm beherrschte sie inzwischen schon ganz gut.

Elena sah sich gemeinsam mit Lisa den Rechner eine Weile an. „Alle Programme drauf, die man so gebrauchen kann. Vor allem: lauter neueste Versionen. – Du bist ein echter Glückspilz." Lisa lächelte und war mächtig stolz auf ihren Computer. Aber es war nicht nur das. Diese Elena freute sich wirklich für sie mit, einfach so. Von Neid keine Spur. In solchen Momenten mochte Lisa Elena wirklich sehr.

Und nun wollte Lisa ihren selbst geschriebenen Brief präsentieren. Darin hatte sie Antonia ganz genau beschrieben, wie ihr Zimmer jetzt aussah und wie gut ihr alles gefiel. Unter dem Text hatte sie zwei kleine Bilder eingefügt. Es waren die ersten beiden Fotos, die sie selbst mit Hilfe ihres ebenfalls neuen Scanners digitalisiert hatte. „Ich hätte ihr gern noch mehr geschrieben, aber dazu reichte der Platz nicht aus, der Textkasten durfte einfach nicht noch größer werden als er jetzt schon ist", erklärte Lisa. Als Elena nur ein „Hm" hören ließ, hatte Lisa gleich gespürt, dass sie offensichtlich nicht so recht heraus wollte mit der Sprache. „Na komm schon, Elena, wie hätte ich es denn machen sollen?" Elena hatte etwas zögernd geantwortet: „Mit diesem Programm kann man es wohl nicht besser machen. Also ich hätte es jedenfalls auch nicht besser gemacht." „Okay, aber was heißt denn jetzt schon wieder ‚mit diesem Programm'?" Allmählich wurde Lisa ein bisschen ungeduldig. Elena aber hatte immer noch herum-

Einführung

gedruckst. „Das Blöde ist halt, dass es so viele verschiedene Programme gibt. Also, du wolltest einen Brief schreiben. Dafür benutzt man eigentlich ein Textverarbeitungsprogramm. Das da zum Beispiel", Elena zeigte auf ein Symbol auf dem Bildschirm, „aber du hast ein Grafikprogramm benutzt. Da kann man zwar auch Text eingeben, aber du siehst ja, wenn der Kasten einmal voll ist, dann bekommt man Probleme. Und da hätte man es mit einem Programm, das extra für das Schreiben von Text gemacht ist, einfacher."

Lisa war jetzt doch ein bisschen trotzig, schließlich war das ihr erster ganz allein geschriebener Brief. „Aber wenn ich dann wie hier auch Bilder in meinem Brief haben will, dann nützt mir so ein reines Schreibprogramm doch auch nichts!" Genau so eine Reaktion hatte Elena befürchtet. „Na ja, du könntest die Bilder auch als Objekte in den Text einbauen. Weißt du, es kommt halt immer darauf an, was du machen willst: Wenn man viel Text schreiben will und nur ein paar Bilder zur Ergänzung braucht, dann benutzt man halt ein Schreibprogramm." Sie machte eine Pause, dann fügte sie versöhnlich hinzu: „Aber so, wie du es gemacht hast, geht es natürlich auch. Es ist vielleicht nur ein bisschen umständlicher." Für einen Moment war es sehr still. Lisa schaute zu Boden, dann sagte sie mit genervter Stimme: „Ich möchte einmal erleben, dass wir vor dieser Kiste sitzen und du sagst ‚Ich weiß auch nicht weiter.'" Elena zuckte zusammen, denn so sauer hatte Lisa noch nie geklungen. Da hob Lisa den Kopf und Elena sah, dass sie gar nicht böse guckte, sondern grinste. „Und nun komm schon, du Neunmalkluge, erklär mir, was das Gerede vom Einfügen der Objekte soll. Und dann zeig mir auch, wie man so ein Textverarbeitungs-Dingsbums benutzt." „Gern", hatte Elena geantwortet – und erst einmal tief ausgeatmet.

# 1 Objekte in Texten

**1**
Entwirf mit Hilfe eines Textverarbeitungsprogramms eine Einladung zu deinem nächsten Geburtstagsfest.
Verwende zwei verschiedene Schriftarten und mehrere Farben. Achte auch darauf, dass einige Absätze unterschiedlich breit sind.
Füge ein geeignetes Bild ein, um deine Einladung zu verschönern.

Innerhalb eines Textes kann man die einzelnen Zeichen mit verschiedenen Werten für ihre Attribute belegen. Zum Beispiel könnte das Attribut Schriftfarbe für jedes der Zeichen einen anderen Wert annehmen. Wir behandeln daher die einzelnen Zeichen eines Textes als Objekte der Klasse ZEICHEN. Alle Buchstaben, Ziffern, Sonderzeichen und Leerzeichen sind Objekte dieser Klasse. Die Bezeichner nummerieren wir vom ersten Zeichen an durch: $z_1$, $z_2$, ... usw.

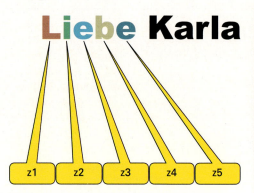

| ZEICHEN |
|---|
| Symbol |
| Schriftart |
| Schriftgröße |
| Schriftfarbe |
| Fett |
| Kursiv |
| Unterstrichen |
| ... |

Natürlich haben die Objekte der Klasse ZEICHEN noch andere Attribute, z. B. „Symbol" (das eigentlich dargestellte Zeichen wie „1" oder „L"), „Schriftart" (z. B.: „Times" oder „Arial") oder „Schriftgröße" (z. B. 12 Punkte).
Weitere Attribute sind „Fett" und „Kursiv", die beide jeweils nur die Werte „ja" oder „nein" annehmen können.
Das Attribut „Unterstrichen" besitzt viele mögliche Werte: „ohne", „einfach", „doppelt", „gepunktet" oder „gestrichelt", um nur einige zu nennen. Mit Hilfe dieser Klasse kann man nun jedes einzelne Zeichen eines Textes formatieren.

Aber wie kann man damit die Textbreite oder den Zeilenabstand einstellen? Dafür gibt es eine weitere Klasse von Objekten, nämlich ABSATZ.

Ein Objekt dieser Klasse besteht aus allen Zeichen zwischen zwei (meist unsichtbaren) Absatzmarken, die man durch Drücken der Eingabe-Taste einfügen kann. Manche Textverarbeitungswerkzeuge kann man so einstellen, dass sie Steuerzeichen wie den Absatzwechsel anzeigen.

Die Objekte der Klasse ABSATZ haben z. B. die Attribute „Ausrichtung", „Einzug", „Abstand_vor", „Abstand_nach", „Zeilenabstand".

**ABSATZ**
Ausrichtung
Einzug
Abstand_vor
Abstand_nach
Zeilenabstand
...

... ¶
Dies ist ein Objekt der Klasse ABSATZ.

Es besteht aus vielen Objekten der Klasse ZEICHEN und hat die Attributwerte

Zeilenabstand = doppelt und

Ausrichtung = zentriert. ¶

Durch das sinnvolle Einbringen von Absätzen in einen Fließtext erreicht man eine Strukturierung, die das Lesen und Verstehen längerer Textpassagen erleichtert. Auch Überschriften oder Aufzählungen bilden im Allgemeinen jeweils einen Absatz. Um einen Absatz auszuwählen, genügt es, den Cursor irgendwo innerhalb des Absatzes vor der Absatzmarke zu platzieren.

**Aufgaben**

## 2

Die Trichter

Zwei Trichter wandeln durch die Nacht.
Durch ihres Rumpfs verengten Schacht
fließt weißes Mondlicht
still und heiter
auf ihren
Waldweg
u. s.
w.

(Christian Morgenstern)

Kannst du das Gedicht von Christian Morgenstern wie dargestellt formatieren, ohne mehrere Leerzeichen hintereinander zu setzen? Erläutere, wie du vorgehst.

## 3

Du findest am Strand eine alte Flaschenpost mit einer Pergamentrolle. Darauf ist die Lage eines Schatzes beschrieben. Formuliere und gestalte selbst eine Schatzkarte.

## 4

Das Gedicht von Reinhard Döhl heißt „Apfel". Der Text ist genau in Form eines Apfels geschrieben. Lass dir selbst ein Gedicht einfallen, das du entsprechend seinem Inhalt gestalten kannst.

## 5

Man kann dieselbe Information oft auf sehr verschiedenartige Weise auf dem Computer darstellen. Denke z. B. an die Alternative, eine Kombination aus Text und Bildern entweder als Grafik mit eingebautem Text oder als Text mit eingebauten Grafiken darzustellen. Nenne für beide Möglichkeiten jeweils mindestens zwei Vor- und Nachteile.

Objekte in Texten

## 6

*Die Klasse TABELLE*

Die Fußball-Bundesligatabelle oder die Handball-Bundesligatabelle sind Objekte der Klasse TABELLE. Entwirf mit dem Textverarbeitungsprogramm eine aktuelle Tabelle zu einer Sportart, die dich interessiert. Die Daten der Vereine stehen z. B. in der Tageszeitung. Welche Attribute mit zugehörigen Werten dieser Klasse findest du?

## 7

| | |
|---|---|
| 1 mm = | 0,03937 Zoll |
| 1 cm = | 0,3937 Zoll |
| 1 m = | 39,37 Zoll = 3,28083 Fuß = 1,0936 Yard |
| 1 km = | 3280,83 Fuß = 1093,61 Yard = 0,62137 Meilen |
| 1 Zoll = | 25,4 mm = 2,54 cm = 0,0254 m |
| 1 Fuß = | 304,8 mm = 30,48 cm = 0,3048 m |
| 1 Yard = | 0,9144 m |
| 1 Meile = | 1,609 km |

*Die Klasse ZELLE*

Die Tabelle gibt an, wie man Längenmaße ineinander umrechnen kann. Die einzelnen Felder besitzen ganz andere Attribute als eine Tabelle. Sie gehören zu einer neuen Klasse ZELLE. Welche Attribute dieser Klasse kannst du entdecken? Schreibe zu jedem Attribut zwei mögliche Werte auf, die es annehmen könnte.

## 8

Suche einen Titel und formatiere folgendes Gedicht, damit man es leicht lesen kann: „Herr Bär hat einen schlechten Traum: Er stand vor einem Apfelbaum und wollte ihn erklimmen. Des Wegs gerad' ein Mäuschen kam, was jeden Mut ihm plötzlich nahm. Da kann doch was nicht stimmen!"

## 9

Entwirf einen eigenen Stundenplan für einen neu zu entwickelnden Schulzweig nach deinen Vorstellungen von Fächern, Stunden- und Pausenzeiten.

## 10

Das Einrücken von Textpassagen oder das Schreiben in Spalten kann man durch entsprechende Attributwerte von Absätzen oder das Verwenden von Tabellen erreichen. Oft benutzt man aber auch **Tabulatoren**. Es gibt z. B. rechte und linke Tabulatoren. Dabei gibt die einzugebende Länge den Abstand zum rechten bzw. zum linken Rand an. Ein dezimaler Tabulator richtet den Text nach einem Trennzeichen aus, meist einem Komma, das im eingetragenen Abstand steht. Und ein zentrierter Tabulator richtet den Text nach dem in der Mitte stehenden Zeichen aus. Das bedeutet, die Textmitte steht nach dem eingestellten Abstand. Außerdem können Füllzeichen eingetragen werden.

| **PC mit Leerzeichen:** | |
|---|---|
| Spalte 1 | Spalte 2 |
| Alle | Buchstaben |
| sind | unterschiedlich |
| breit, eine genaue | Ausrichtung ist |
| mit Leerzeichen | nicht möglich! |
| **PC mit Tabulatoren:** | |
| Spalte 1 | Spalte 2 |
| Alle | Buchstaben |
| sind | unterschiedlich |
| breit, eine genaue | Ausrichtung ist |
| nur mit Tabula- | toren möglich! |

Schreibe und formatiere mit Tabulatoren (ohne Tabellen oder Ketten von Leerzeichen zu verwenden) eine Rechnung von einem ausgiebigen Eisdielenbesuch mit Freunden.

# 2 Beziehungen zwischen Objekten

**1**
Den Zusammenhang oder die Beziehung zwischen einem Buch und seinen Blättern könnte man folgendermaßen ausdrücken: „Jedes Buch enthält Blätter."
Ein Haus besitzt als festen Bestandteil ein Dach. Drücke für Haus, Dach und Ziegel eine Beziehung wie am Beispiel von Buch und Blatt beschrieben aus.

Ebenso wie ein Haus ein Dach und ein Dach Ziegel „enthält", enthält ein Textdokument Absätze und diese wiederum einzelne Zeichen. Zur Veranschaulichung wird der folgende Brief betrachtet (ausnahmsweise sind hier die Absatztrennzeichen angezeigt).

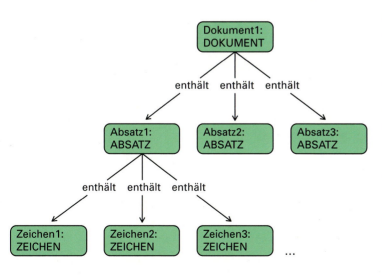

Zur Beschreibung dieser Zusammenhänge benötigt man zunächst eine Klasse DOKUMENT. Je nach Softwarewerkzeug kann diese Klasse z. B. die folgenden Attribute haben: „Verfasser", „Öffnungsdatum", „Änderungsdatum", „Größe", „Art".

Ein solches Objekt der Klasse DOKUMENT kann eines oder mehrere Objekte der Klasse ABSATZ enthalten, ein Objekt der Klasse ABSATZ wiederum eines oder mehrere Objekte der Klasse ZEICHEN.

Diesen Sachverhalt kann man mit Hilfe von **Objektdiagrammen** sehr übersichtlich darstellen. Da es sehr viele Zeichen gibt, sind im Diagramm nur drei davon eingetragen.

Bei der Arbeit mit Textverarbeitungssystemen stößt man häufig auf Objekte der Klasse SEITE. Auch diese Klasse hat spezielle Attribute wie „Seitenrand_links", „Ausrichtung", „Papierformat" usw.

In welcher Beziehung stehen die Objekte der Klasse SEITE zu den Objekten der Klasse DOKUMENT bzw. ABSATZ? Enthalten Dokumente Seiten und diese wiederum Absätze? Dagegen spricht, dass es Absätze gibt, die sich auf mehrere Seiten verteilen. Oder enthalten etwa Absätze Seiten? Das kann auch nicht stimmen, da sich oft auf einer Seite viele Absätze finden.

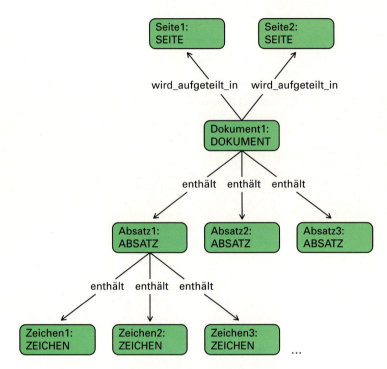

Daher wird davon ausgegangen, dass ein Dokument Absätze enthält und keine Seiten. Die Seiten werden aus der Absatzstruktur des Dokuments erst erzeugt, wenn sie benötigt werden, nämlich wenn das Dokument optisch dargestellt werden soll, z. B. bei der Anzeige auf dem Bildschirm oder beim Ausdrucken. Zwischen Dokumenten und Seiten gibt es also eine neue Art von Beziehung, die „wird_aufgeteilt_in" genannt wird:

Objekte der Klasse DOKUMENT werden erst bei ihrer Darstellung in Objekte der Klasse SEITE aufgeteilt.

Diese Beziehung können wir ebenfalls in unser Objektdiagramm einzeichnen.

Die Beziehungen „enthält" und „wird_aufgeteilt_in" stellen **Beziehungen zwischen einzelnen Objekten** dar.

Es hängt jedoch von den jeweiligen Klassen der beteiligten Objekte ab, welche Beziehungen zwischen ihnen überhaupt möglich sind: Die Beziehung „wird_aufgeteilt_in" tritt zwischen Objekten der Klassen DOKUMENT und SEITE auf, die Beziehung „enthält" zwischen Objekten der Klassen DOKUMENT und ABSATZ. Die Regeln für Beziehungen zwischen Objekten verschiedener Klassen lassen sich in einem Klassendiagramm darstellen.

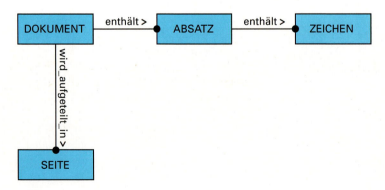

Der dicke Punkt am Ende einer Beziehung im Klassendiagramm zeigt an, dass hier eines oder mehrere Objekte beteiligt sein können. Zum Beispiel kann ein Objekt der Klasse DOKUMENT in eines oder mehrere Objekte der Klasse SEITE aufgeteilt werden. Ohne den Punkt dürfte es pro Dokument nur höchstens eine Seite geben.
Die Zeichen „<" und „>" geben die Leserichtung der Beziehung an. So enthalten z. B. Dokumente Absätze, nicht umgekehrt.

Beziehungen zwischen Objekten

Ein Objektdiagramm zeigt die tatsächlichen Beziehungen zwischen bestimmten Objekten in einem bestimmten Fall (d. h. zum Beispiel für ein bestimmtes Dokument).
Ein Klassendiagramm gibt dagegen die Regeln für mögliche Beziehungen zwischen den Objekten der gezeichneten Klassen wieder.

**Aufgaben**

**2**
Bei der Arbeit mit Dateien und Ordnern hast du bereits die „enthält"-Beziehung kennen gelernt.
Zeichne dazu ein Objektdiagramm.

**3**
Zeichne ein Objektdiagramm für die angegebenen Objekte (es gibt verschiedene Möglichkeiten):
Mathematikbuch – Seite 5 – Absatz 7 – Kreisabbildung.
Ordne die Objekte geeigneten Klassen zu und zeichne ein Klassendiagramm.

**4**
Finde eine Beziehung zwischen den folgenden Klassen und gib jeweils ein Beispiel an. Setze auch den Punkt an die richtige Stelle. Beachte, dass nicht alle Beziehungen „enthält"-Beziehungen sind!

> GESCHIRRSPÜLER – TELLER
> 
> ZIMMER – WOHNUNG – HAUS
> 
> BAUM – ZWEIG
> 
> AUTO – LENKRAD

**5**
Zeichne ein Klassendiagramm mit geeigneten Beziehungen für die Klassen SCHULE, SCHULKLASSE, LEHRER und SCHÜLER.

**6**
Ein Lied (der Einfachheit halber eine einstimmige Melodie) besteht aus Takten, Noten und Pausen. Zeichne ein Klassendiagramm mit den „enthält"-Beziehungen zwischen LIED, TAKT, NOTE und PAUSE. Stelle außerdem jede dieser Klassen in einem weiteren Klassendiagramm mit wichtigen Attributen dar.

**7**

Erstelle eine Liste der Objekte, die in deinem Schulranzen sind und klassifiziere diese. Gib zu jedem Objekt auch einige Attribute und deren Werte an. Warum besteht zwischen den Objekten und deinem Schulranzen keine „enthält"-Beziehung?

**8**
Beschreibe in ganzen Sätzen die Aussagen des folgenden Objektdiagramms.

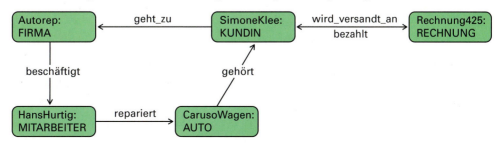

# 3 Multimediadokumente

**1**
Erstelle mit Hilfe eines Präsentationsprogramms ein Dokument mit Angaben zu deiner Person: Name, Geburtsdatum, Wohnort usw. Nenne deine Hobbys, dein Lieblingsbuch, deine Lieblingsmusik und was du deinen Mitschülern und Mitschülerinnen sonst noch über dich erzählen willst. Füge auch einige Grafiken oder ein Foto von dir ein und wähle jeweils passende Hintergründe. Während der Präsentation sollen die Angaben sinnvoll gegliedert und nicht alle auf einmal erscheinen.

Wenn du in einem Referat wichtige Dinge anschaulich darstellen möchtest, kannst du transparente Folien bemalen und beschriften und während des Vortrags auf den Tageslichtprojektor auflegen. Einen ähnlichen Effekt erzielt man, wenn man eine elektronische Präsentation auf dem Bildschirm oder in einer Projektion ablaufen lässt. Deswegen spricht man bei Präsentationsdokumenten auch nicht von Bildern oder Seiten, sondern von Folien.

In elektronischen Präsentationen hat man sehr viele Möglichkeiten zur effektvollen Gestaltung: Folien werden nach und nach durch Objekte ergänzt; neue Folien erscheinen. Eine Veränderung erfolgt jeweils nach einem Signal von außen (Mausklick, Tastendruck, ...) oder automatisch nach einer festgelegten Zeit. Information kann mit Hilfe von Texten und Grafiken, aber auch mit Filmen und akustischen Elementen (Klänge, „sounds") dargestellt werden. Wenn solche Möglichkeiten bestehen, spricht man allgemein von Multimediadokumenten (**multi** (lat.): viele; **media** (engl.): Mittel (Pl.) zur Darstellung von Information).

Auch Folien sind Objekte. Die Klasse FOLIE hat das Attribut „Hintergrundart", das z. B. die Werte „kein", „einfarbig", „Farbverlauf" oder „Muster" annehmen kann. Ist der Wert „einfarbig", so bestimmt der Wert von „Hintergrundfarbe" die Farbe.

Hat das Attribut „Hintergrundart" dagegen den Wert „Farbverlauf", so legt „Hintergrundverlauf" mit Werten wie „LinksGelbRechtsBlau" oder „AußenRotInnenWeiß" das Aussehen des Verlaufs fest. Der Wert von „Hintergrundfarbe" hat in diesem Fall keine Bedeutung. Entsprechendes gilt für das Attribut „Hintergrundmuster" mit Werten wie „BlauGepunktet" oder „SchwarzSchraffiert45°", wenn „Hintergrundart" den Wert „Muster" hat.

| FOLIE |
|---|
| Hintergrundart |
| Hintergrundfarbe |
| Hintergrundverlauf |
| Hintergrundmuster |
| Einblendeffekt |
| Einblendklang |
| Ausblendauslöser |
| Ausblendzeit |
| Reihenfolge |
| ... |
| Anzeigen() |
| ... |

Mit Hilfe der Methode „Anzeigen" erscheint eine Folie während der Präsentation auf dem Bildschirm. Das Attribut „Einblendeffekt" legt fest, auf welche Art und Weise dies geschieht. Ist sein Wert „kein", so erscheint die Folie so schnell, dass der Übergang nahtlos wirkt.

Mit dem Wert „VonLinks" schiebt sich die neue Folie von links ins Bild:

Mit dem Wert „NachLinksOben" baut sich die neue Folie von rechts unten auf, sodass der Eindruck entsteht, als würde die vorhergehende Folie nach links oben weggeschoben.

Der Wert von „Einblendklang" legt fest, wie der Folienübergang akustisch untermalt wird. Erlaubte Werte sind zum Beispiel „Applaus" oder „Klingeln". Die Gestaltungsmöglichkeiten für Folienübergänge hängen übrigens sehr vom verwendeten Präsentationsprogramm ab.

Das Attribut „Ausblendauslöser" legt fest, nach welchem Ereignis die Methode „Anzeigen" der nächsten Folie aufgerufen wird. Die wichtigsten Werte sind „manuell", wenn der Wechsel durch einen Mausklick oder Tastendruck ausgelöst werden soll und „automatisch", wenn er nach einer bestimmten Zeit erfolgen soll. In diesem Fall legt „Ausblendzeit" die Zeit fest.

Folien können Objekte der Klassen RECHTECK, KREIS, LINIE und TEXTFELD enthalten. Auch Grafiken können eingefügt werden. Dabei handelt es sich meist um Rastergrafiken (vgl. Thema „Grafische Datenformate", Seite 25), die Fotos, Diagramme oder Ähnliches darstellen. Außerdem können Filme und Klänge (Musik, gesprochener Text usw.) enthalten sein. Diese müssen erst mit einem geeigneten Gerät aufgenommen und abgespeichert werden und während der Präsentation auf einem Datenträger zur Verfügung stehen. In der Folie erscheint eine Grafik, mit der man die Wiedergabe steuert.

Oft möchte man, dass eine Folie nicht sofort mit allen enthaltenen Objekten erscheint, sondern ausgelöst durch einen Mausklick oder Tastendruck nach und nach ergänzt wird. Dazu hat FOLIE das Attribut „Reihenfolge", mit dem festgelegt wird, welche Objekte in welcher Reihenfolge nachträglich erscheinen sollen. Man kann auch mehrere Objekte einer Folie „gruppieren", das heißt zu einem neuen Objekt zusammenfassen. Das Gruppenobjekt kann in „Reihenfolge" aufgeführt werden. Alle darin enthaltenen Objekte erscheinen dann in der Präsentation gemeinsam.

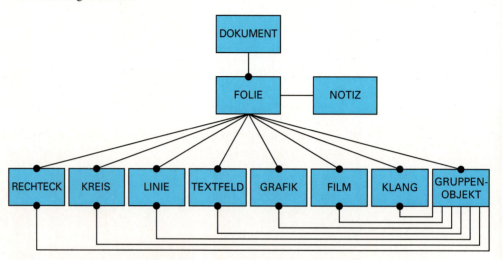

Im dargestellten Klassendiagramm sind alle Beziehungen „enthält"-Beziehungen. Jede Folie enthält höchstens ein Objekt der Klasse NOTIZ für Anmerkungen, die bei der Präsentation nicht gezeigt, aber auf Wunsch beim Erstellen der Druckseiten eingefügt werden.

| GRAFIK |
|---|
| Breite |
| Höhe |
| Position |
| Einblendauslöser |
| Einblendeffekt |
| Einblendklang |
| Ausblendart |
| ... |
| Erscheinen() |
| ... |

Mit Ausnahme von NOTIZ haben alle in FOLIE enthaltenen Klassen eine Methode „Erscheinen" und die Attribute „Einblendauslöser", „Einblendeffekt", „Einblendklang" und „Ausblendart". Die Werte dieser Attribute sind nur dann von Bedeutung, wenn das betreffende Objekt im Attribut „Reihenfolge" seiner Folie aufgeführt ist.

„Einblendauslöser" legt dann fest, ob die Methode „Erscheinen" nach einem Klick oder Tastendruck aufgerufen wird oder eine bestimmte Zeit nach dem Erscheinen des vorhergehenden Objekts. „Einblendklang" hat dieselbe Bedeutung wie bei FOLIE.

Das Attribut „Ausblendart" bestimmt, ob und wann das Objekt nach seinem Erscheinen wieder verschwindet. Mögliche Werte sind „nicht", „nach Einblendeffekt" und „nach Mausklick".

Ist der Wert von „Einblendeffekt" zum Beispiel „kein", so erscheint das jeweilige Objekt zusammen mit seiner Folie sofort an der Position, die beim Erstellen festgelegt wurde.

Ein weiterer möglicher Attributwert ist „VonLinksOben." Dann rutscht das betreffende Objekt von links oben kommend an seine Position:

Mit dem Wert „VonAußenAufbauend" wird das Objekt an seiner Position von außen nach innen aufgebaut:

Textfelder können auch zeichenweise mit Einblendeffekten („TextVonOben") erscheinen. Art und Anzahl der verfügbaren Effekte hängen auch hier stark vom verwendeten Werkzeug ab.

 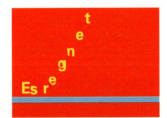 

Zum Start einer Präsentation wird die Methode „Präsentieren" des Dokuments aufgerufen. Diese ruft die Methode „Anzeigen" der ersten Folie auf, wodurch wiederum (sofort oder nacheinander) die Methoden „Erscheinen" der darin enthaltenen Objekte aufgerufen werden. Wenn die Folie vollständig sichtbar ist und noch Folien folgen, wird ausgelöst durch ein Signal oder automatisch nach der eingestellten Zeit in gleicher Weise die Methode „Anzeigen" der nächsten Folie ausgeführt.

**Aufgaben**

**2   Projekt mit der Biologie**
Erstellt in Arbeitsgruppen Präsentationsdokumente, in denen ihr die Wirbeltierklassen nach je einem der folgenden Gesichtspunkte miteinander vergleicht:
– Körperbau und Fortbewegung,
– Fortpflanzung und Entwicklung,
– Lebensweise im Jahreslauf,
– Gefährdung und Schutz.

**3**
Während eines Elternabends oder Schulfestes sollt ihr den Eltern vorstellen, was ihr inzwischen in Informatik gelernt habt. Bildet Arbeitsgruppen und erstellt je ein Präsentationsdokument zu den Themen
– Objekte, Attribute und Attributwerte,
– Methoden von Objekten,
– Beziehungen zwischen Objekten.

## Informatik und Sprache

Wie du sicher schon bemerkt hast, sind Computer ziemlich sture Zeitgenossen. Manchmal wollen sie uns scheinbar nicht verstehen! Die Ursache für solche Verständigungsschwierigkeiten liegt oft in einer unklaren Ausdrucksweise unsererseits. Während menschliche Gesprächspartner meist in der Lage sind, unklare Aussagen so zu deuten, dass sie etwas damit anfangen können, gelingt dies den Computern nur selten. Sie sind in der Regel darauf angewiesen, klare und eindeutige Anweisungen zu erhalten.

Für derartige Ansprüche ist unsere Umgangssprache nur sehr eingeschränkt geeignet (wie eingeschränkt, merkt man z. B. bei der Benutzung von Spracheingabesystemen). Die Informatiker lösen dieses Problem meist dadurch, dass sie künstliche Sprachen entwickeln, die einerseits genug Flexibilität in der Ausdrucksweise zulassen, andererseits eindeutig interpretierbar sind. Ein Beispiel dafür sind Programmiersprachen wie Basic, Pascal, Java usw.

Wenn man den Computer beispielsweise dazu veranlassen will, die ersten 100 Quadratzahlen zu berechnen und auszugeben, könnte man in Umgangssprache schreiben:
Gib für die Zahlen von 1 bis 100 ihr Quadrat aus. Selbst in dieser kleinen Anweisung stecken einige Unklarheiten:
– Sind die Grenzen 1 und 100 eingeschlossen oder nicht?
– Welche Zahlen sind gemeint (z. B. ganze Zahlen wie 1, 2, 3 oder auch gebrochene wie 1,5 oder 2,33)?
– Auf welchem Gerät (Bildschirm, Drucker) und in welchem Format (nebeneinander, untereinander, auf wie viele Stellen genau) sollen die Zahlen ausgegeben werden?
In einer Programmiersprache ist die Bedeutung jedes einzelnen Zeichens exakt geregelt. Als Pascal-Programm lautet unser Auftrag z. B.:

```
program quadrat;
var i: integer;
begin
for i:=1 to 100 do
writeln(i*i);
end.
```

Fig. 1

Hier gibt es keine Unklarheiten mehr:
– Die Wiederholungsanweisung in Pascal beinhaltet grundsätzlich die beiden Grenzen.
– Die Vereinbarung `var i: integer` legt fest, dass ganze Zahlen gemeint sind.
– Die Anweisung `writeln` leitet die Ausgabe an den Bildschirm, beginnend in der linken oberen Ecke. Mit jeder weiteren Ausgabe wird eine neue Zeile begonnen.
– Das Ergebnis für unseren Fall ist in Fig. 1 abgebildet.

# Informatik und Sprache

*Siehe hierzu auch Kapitel IV.*

Warum gibt es so viele verschiedene künstliche Sprachen? Da Computer für sehr viele unterschiedliche Aufgaben eingesetzt werden, kann es die optimale Sprache für die Unterhaltung mit dem Computer nicht geben: Was für das eine Einsatzgebiet ein Vorteil ist, kann sich für ein anderes als schwerwiegender Nachteil erweisen. Daher gibt es sehr viele Programmiersprachen, Beschreibungssprachen für Daten (wie z. B. die Hypertext Markup Language HTML für die Seiten des World Wide Web) oder Sprachen zur Beschreibung von Datenübertragungen (z. B. das Post Office Protocol POP für die E-Mail-Übertragung zwischen Mailserver und Arbeitsplatzrechner).

Eine Sprache der Informatik besteht aus einem Zeichensatz (Alphabet), der die Menge aller zulässigen Einzelzeichen festlegt sowie einer Menge von Regeln, nach denen man diese Zeichen zu sinnvollen Wörtern anordnen kann.

**Beispiel 1**
Aus der Mathematik kennst du bereits eine solche Sprache: die Sprache der Zahlenterme. Wenn wir uns auf Terme mit nichtnegativen ganzen Zahlen beschränken, dann besteht der Zeichensatz aus den Ziffern 0 bis 9, den Symbolen für die Operationen +, –, :, * sowie Klammern.
Die Regeln lauten:
(1) Zahlen bestehen aus einer beliebigen Kombination von Ziffern. Dabei darf allerdings keine 0 am linken Rand der Zahl stehen.
(2) Jede Zahl ist ein Term.
(3) Falls R und S Terme sind, so sind R + S, R – S, R * S und R : S auch Terme.
(4) Falls T ein Term ist, dann ist auch (T) ein Term.
Damit kann man nun genau feststellen, ob ein Term korrekt aufgebaut ist. Dies ist genau dann der Fall, wenn sich eine Folge von Anwendungen der obigen Regeln finden lässt, mit denen man den Term aufbauen kann.
a) T = (1 + 12) * (1144 – 122) kann man nach den Regeln folgendermaßen aufbauen:
Die Zahlen 1, 12, 1144 und 122 werden mit Regel (1) aus Ziffern zusammengesetzt. Die Summe 1 + 12 sowie die Differenz 1144 – 122 entstehen aufgrund von Regel (3) und werden gemäß Regel (4) geklammert. Schließlich wird T nach Regel (3) als Produkt der beiden Klammern gebildet.
b) S = 1 + –17 ist kein korrekter Term.

**Beispiel 2**
Eine andere künstliche Sprache ist die Darstellung von ganzen Zahlen nach Art der Römer. Der Zeichensatz besteht aus den Zeichen I, V, X, L, C, D und M. Über die Regeln kannst du dir selbst ein paar Gedanken machen.

# III Baumstrukturen

## Einführung

Lisa stand im Treppenhaus und musste tief durchatmen. Ihre Mutter hatte ihr mal wieder Vorhaltungen gemacht. „Kannst du nicht mal ein bisschen Ordnung in deinem Zimmer halten? In diesem Chaos findet man doch rein gar nichts mehr!" Lisa seufzte. Immer dieser Ordnungswahn! Sollte sie doch mal in das Zimmer ihres kleinen Bruders schauen, da sah es auch nicht besser aus.

Nun hoffte sie, dass wenigstens Elena zu Hause sein würde, sonst müsste sie womöglich doch noch am Sonntagnachmittag ihr Zimmer aufräumen. Sie klingelte bei Heisers. Es war Jakob, Elenas Bruder, der ihr öffnete. „Hallo, komm rein", begrüßte er sie. Lisa hatte zwar bisher eher selten mit ihm gesprochen, aber meist war er ziemlich nett zu ihr gewesen. „Elena ist in ihrem Zimmer, ich weiß aber nicht, ob sie Zeit hat. Sie räumt gerade ihre Daten auf." Das hatte ihr gerade noch gefehlt. Was war das denn heute für ein Ordnungsfimmel in diesem Haus? Lisa verdrehte die Augen. „Nicht schon wieder." Jakob schaute sie verständnislos an. „Was ist denn los? – Du hast doch jetzt auch einen Rechner, hat Elena erzählt, da wirst du doch auch ab und zu mal Ordnung machen, oder?" Jetzt verstand Lisa wieder nur Bahnhof. Sie wusste zwar nicht, was Jakob meinte, aber immerhin guckte er dabei ganz freundlich.

„Hallo", begrüßte Elena sie, als sie in ihr Zimmer kam, „schön dich zu sehen. Einen Moment, ich bin gleich fertig." Als Lisa ihr über die Schulter schaute, fing sie an zu erklären: „Meine Festplatte war ziemlich zugemüllt, da musste ich mal Ordnung schaffen. Ich bin aber gleich durch damit, brauche nur noch ein paar Ordner für die verschiedenen Bilder. Wenn die wegsortiert sind, habe ich endlich wieder den Überblick." Aha. Lisa sah auf dem Bildschirm nur ein ziemlich wildes Durcheinander von Namen, Symbolen und seltsamen Gebilden. „Irgendwie wollen heute alle außer mir irgendwas aufräumen", fing Lisa an, „meine Mutter will, dass ich mein Zimmer aufräume und du erzählst mir was von Ordnung schaffen in deinen Daten. – Das Durcheinander auf deinem Bildschirm sieht so ordentlich aber auch nicht aus." Elena drehte sich um und sah sie spöttisch an. „Kann es sein, liebste Lisa, dass du zwar nicht wirklich verstehst, was ich hier mache, aber aus Gewohnheit dagegen bist?" Diesen Ton hatten sich die beiden inzwischen angewöhnt und Lisa mochte diese Blödeleien sehr gern. So hatte sie früher auch immer mit Antonia gesprochen.

# Einführung

„Na ja, ehrlich gesagt, ich sehe in deinem Gewusel hier nicht durch. Aber wie ich dich kenne, wirst du es mir bestimmt gleich erklären." Der letzte Satz hatte zwar ziemlich spöttisch geklungen, aber beide wussten, dass er nicht böse gemeint war. „Pass auf, es ist so. Dieses Programm hier hilft mir, meine Daten zu ordnen und zu verwalten. Inzwischen haben sich auf meinem Rechner zu viele einzelne Dateien angesammelt, da reicht meine alte Ordnung nicht mehr aus. Ich hatte nur einen einzigen Ordner für Texte und einen für Bilder ..." Wenn Elena so in Fahrt geriet, dann stoppte man sie besser gleich, sonst wurde der Vortrag richtig lang. Also sagte Lisa schnell: „Ich finde, das reicht doch auch, oder?" Aber das war offensichtlich der falsche Einwand gewesen. „Nö, reicht eben nicht. Vor einigen Wochen habe ich alte Fotos digitalisiert. Bilder von meinen Eltern und die vom Schulanfang meines Bruders." Elena hatte Lisa damals ein paar der Bilder gezeigt und sie hatten sehr gelacht über den kleinen Jakob mit der Zuckertüte. „Naja, und dann hatte Jakob die Fotos aus dem letzten Urlaub gleich im Geschäft auf CD bestellt und die habe ich mir dann auch auf die Festplatte kopiert. Und dann waren da noch alle möglichen anderen Fotos. Auf Dauer blicke ich da nicht mehr durch." Hm. Das war ja wahnsinnig interessant. „Und was hast du dann gemacht?" Und schon setzte Elena zu einer Antwort an: „Na ja, ich habe einfach ein paar Unterordner angelegt – so, hier, siehst du?" Elena zeigte auf den Bildschirm, wo gerade ein Symbol und dahinter die Bezeichnung „Neuer Ordner" auftauchte. „Dort trage ich dann ein, wie der Ordner heißen soll. Der hier zum Beispiel heißt ‚Urlaub 2003'. Und in den neuen Ordner verschiebe ich dann die Urlaubsfotos." Lisa sah zu, wie Elena eine Reihe von Dateinamen markierte, aus einem Menü die Funktion „Ausschneiden" auswählte, dann auf den neuen Ordner klickte und die Funktion „Einfügen" wählte. Jetzt standen dieselben Dateinamen, die eben noch woanders gestanden hatten, in diesem Ordner. Lisa fand das alles sehr beeindruckend, aber irgendwie ging ihr das Ganze auch viel zu schnell. „Und die übrigen paar Dateien hier", Elena zeigte wieder auf den Bildschirm, wo einige Dateinamen stehen geblieben waren, „die brauche ich nicht mehr, die kann ich auch gleich löschen." Zwei, drei Handgriffe und die Dateinamen waren vom Bildschirm verschwunden. „So, das sieht doch ganz ordentlich aus. – Ist doch echt besser, wenn man nicht erst lange suchen muss, sondern sein Zeug gleich findet, oder?" Als Lisa nicht antwortete, schaute Elena sich zu ihr um: „Was ist los?" „Ach lass mal", antwortete Lisa mit einem tiefen Seufzer, „den Spruch habe ich heute schon mal gehört ..."

Ordner, Unterordner – ganz einfach!

**45**

# 1 Dokumente, Dateien und Ordner

**1**
Du willst vier deiner Freundinnen bzw. Freunde mit gleich formulierten Briefen zu einem Bastelnachmittag einladen. Schreibe zunächst eine geeignete Einladung ohne Empfängerangabe und speichere sie als „Vorlage" ab. Setze nacheinander die passenden Empfängeradressen ein und speichere jede Einladung unter einem eigenen Namen (z. B. dem jeweiligen Empfängernamen) ab. Verwende nun den Dateimanager, um die so erzeugten Dateien zu öffnen und die Einladungen auszudrucken.

Sobald das Softwarewerkzeug, mit dem man ein Dokument erstellt hat, beendet wird, geht dieses Dokument unwiederbringlich verloren, wenn man es nicht vorher dauerhaft auf einem Massenspeichermedium (Festplatte, Diskette, CD, Magnetband, Speicherkarte usw.) archiviert hat. Dabei spielt es keine Rolle, ob das Werkzeug bewusst oder beispielsweise durch einen Stromausfall oder einen Computerfehler beendet wurde. Also sollte man vor allem bei größeren Dokumenten auch zwischendurch immer wieder einmal den aktuellen Stand seiner Arbeit sichern. Dazu aktiviert man normalerweise den Menüpunkt „Datei" und klickt dann auf „Speichern" bzw. zum erstmaligen Sichern auf „Speichern unter". Wenn man an einem archivierten Dokument weiterarbeiten möchte, klickt man auf „Öffnen" im Menü „Datei".
„Speichern unter" dient auch zum Sichern mehrerer Dokumente unter verschiedenen Dateinamen, die durch kleine Veränderungen auseinander hervorgegangen sind.

| Datei | Bearbeiten | Hilfe |
|---|---|---|
| Neu | | |
| Öffnen | | |
| **Speichern** | | |
| Speichern unter | | |
| Beenden | | |

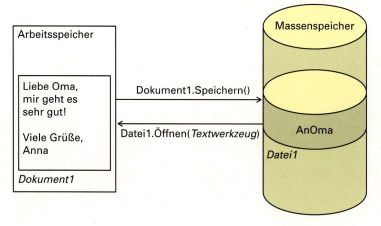

„Speichern" und „Speichern unter" sind Methoden der Klasse DOKUMENT. Mit ihrer Hilfe werden Informationen über das Dokument und die in ihm enthaltenen Objekte in einen „Behälter" (Datei) gepackt, der auf die Eigenheiten des jeweiligen Speichermediums abgestimmt ist (siehe auch Lesetext „Dateien speichern", Seite 53). Der Massenspeicher dient zur dauerhaften Aufbewahrung solcher Dateien, die als Objekte der Klasse DATEI betrachtet werden. Sie besitzen ein Attribut „Dateiname", dessen Wert beim Aufruf von „Speichern unter" gesetzt wird.

Dateien haben eine Methode „Öffnen". Zu deren Ausführung ist ein Softwarewerkzeug (Programm) nötig, das im Arbeitsspeicher ein Abbild des archivierten Dokuments erzeugt. Dazu muss das Werkzeug die in der Datei gespeicherten Informationen „verstehen" können. Deshalb erhält man beim Öffnen einer bestimmten Datei mit manchen Werkzeugen das gewünschte Ergebnis, mit anderen nicht.

In der Praxis startet man oft schon vor dem Öffnen einer Datei ein geeignetes Werkzeug und ruft die Methode „Öffnen" in dessen Fenster auf. Es ist auch möglich, eine Datei mehrfach, manchmal sogar unter Verwendung verschiedener Werkzeuge zu öffnen. Bei jedem Öffnen entsteht dann ein eigenes Dokument. Mit guten Werkzeugen erfolgt das weitere Öffnen „schreibgeschützt", das heißt, dass zwar das Dokument bearbeitet, aber die dazugehörige Datei nicht verändert werden kann.

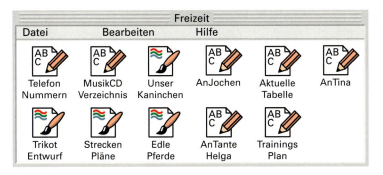

Das Inhaltsverzeichnis eines Massenspeichers kann man sich mit Hilfe eines Dateimanagers ansehen. Hier werden die Dateien mit ihren Dateinamen und oftmals zusätzlich durch Symbole dargestellt. Im Dateimanager kann man z. B. über „Eigenschaften" im Menüpunkt „Datei" Attributwerte markierter Dateien ablesen und ändern. Unter „Bearbeiten" kann man Methoden der Dateien aufrufen.

Oft ist Dateien mit gleichartigen Dokumenten (Text-, Vektorgrafik-, Rastergrafikdokumente) ein zur Bearbeitung geeignetes Standardwerkzeug zugeordnet. Dann kann man die Datei öffnen, indem man ihr Symbol im Dateimanager anklickt oder die Datei markiert und den Punkt „Öffnen" im Menü „Datei" wählt. Welches Standardwerkzeug einer Datei ggf. zugeordnet ist, kann man unter anderem am Symbol der Datei im Dateimanager erkennen. Ist keine solche Zuordnung gegeben, wird der Benutzer gefragt, welches Werkzeug verwendet werden soll.

Häufig wird ein Standardwerkzeug zugeordnet, indem der Dateiname um einen Punkt und eine meist drei- oder vierstellige Endung („Suffix") wie z. B. „txt", „gif" oder „jpeg" ergänzt wird. Dateien mit dem Suffix „txt" ist normalerweise ein Textverarbeitungswerkzeug, solchen mit „gif" oder „jpeg" ein Rastergrafikwerkzeug zugeordnet.

Wichtige Attribute von DATEI sind „Dateiname", „Größe", „Erstelldatum", „Änderungsdatum", „Schreibgeschützt" und „Versteckt". Die letzten beiden Attribute können jeweils nur die Werte „ja" bzw. „nein" annehmen. Hat „Versteckt" den Wert „ja", wird diese Datei im Dateimanager standardmäßig nicht mehr angezeigt.

Die Klasse DATEI hat unter anderem die Methoden „Öffnen", „Ausschneiden", „Kopieren", „Einfügen", „Löschen" und „Umbenennen". Letztere benötigt als Parameter den neuen Dateinamen.

Wenn sich im Laufe der Zeit sehr viele Dateien auf einem Massenspeicher angesammelt haben, verliert man leicht den Überblick. Es ist dann sehr mühsam, eine bestimmte Datei wieder zu finden.

Auch auf einem Schreibtisch sieht es ja manchmal so ähnlich aus: Viele Blätter mit Zeichnungen, Texten usw. liegen herum. Irgendwann beginnt man, die Blätter z. B. nach Themenbereichen zu sortieren. Am besten heftet man dann zusammengehörige Blätter in jeweils einen Ordner. Für Dateien gibt es ein ganz ähnliches Ordnungssystem.

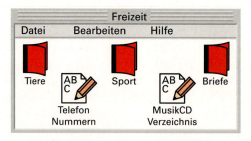

Mit Hilfe von „Neu" im Menüpunkt „Datei" eines Dateimanagers kann man Objekte der Klasse ORDNER erzeugen. Ordner werden wie Dateien mit einem Namen versehen und mit Hilfe spezieller Symbole dargestellt. Mit der Methode „Verschieben" einer Datei kann man diese in einen Ordner „einheften".

Man findet die Dateien in einem Ordner wieder, indem man z. B. auf sein Symbol im Dateimanagerfenster klickt. Dabei öffnet sich ein (weiteres) Fenster, in dem der Inhalt des „aufgeklappten" Ordners angezeigt wird.

Ein weiterer großer Vorteil bei der Verwendung von Ordnern liegt darin, dass Dateinamen nur innerhalb desselben Ordners eindeutig sein müssen. In verschiedenen Ordnern können also Dateien mit demselben Dateinamen existieren. Auf diese Weise können z. B. verschiedene Personen in ihrem jeweiligen persönlichen Ordner Dokumente in gleichnamigen Dateien archivieren.

Wichtige Attribute von ORDNER sind „Ordnername", „Größe", „Erstelldatum" und „Schreibgeschützt".

Die Klasse ORDNER hat wie die Klasse DATEI auch die Methoden „Öffnen", „Ausschneiden", „Kopieren", „Einfügen", „Löschen" und „Umbenennen". „Öffnen" benötigt bei Ordnern allerdings keinen Parameter, weil die Methode immer bewirkt, dass der Ordner „aufgeklappt" wird.

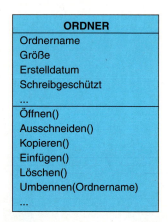

Zwischen den Klassen ORDNER und DATEI besteht eine „enthält"-Beziehung. Ein Ordner kann mehrere Dateien enthalten. Dieselbe Datei kann aber nur in einem Ordner unmittelbar enthalten sein. Eine Datei ist übrigens immer in einem Ordner enthalten.

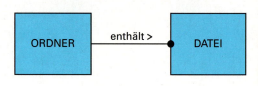

**Aufgaben**

## 2

a) Informiere dich in Biologiebüchern oder im Internet über typische Eigenschaften von zehn Pflanzen oder Tieren. Schreibe jeweils einen kurzen Steckbrief (ca. fünf Zeilen) als Textdokument und speichere ihn unter dem Namen der Pflanze bzw. des Tieres ab. Achte dabei auf eine möglichst einheitliche Aufmachung der Steckbriefe.

b) 👥 Tragt die Steckbriefe aus eurer Klasse in einer gemeinsamen Ordnerstruktur zusammen.

## 3

Zu deiner Geburtstagsparty möchtest du das Spiel „Was weißt du über mich?" vorbereiten, bei dem jeder Gast Fragen über Hobbys, Vorlieben usw. eines anderen Gastes beantworten soll.

Entwirf dazu einen Fragebogen. Verwende vorerst noch keinen Namen, sondern einen Platzhalter wie z. B. „NN". Erzeuge einen Ordner „Quizspiel" und speichere den Musterfragebogen dort ab.

Erzeuge mit Hilfe des Dateimanagers für jeden Gast eine Kopie der entstandenen Datei. Gib den Kopien als Dateinamen die Namen deiner Gäste.

Öffne nun nacheinander die Kopien und setze für den Namensplatzhalter jeweils den Namen des Gastes. „Suchen und Ersetzen" kann dabei hilfreich sein. Speichere die überarbeiteten Fragebögen ab.

## 4

Suche auf einem Massenspeicher deines Rechners eine Datei mit einem Text- oder Grafikdokument. Ermittle die Werte wichtiger Attribute (mindestens die im Klassendiagramm auf Seite 47 genannten) und trage sie in ein Objektdiagramm nach folgendem Muster ein:

```
┌─────────────────────┐
│ Datei1: DATEI       │
├─────────────────────┤
│ Dateiname =         │
│                     │
│                     │
└─────────────────────┘
```

## 5

Die folgende Liste enthält Namen von Dateien, in denen jeweils ein Dokument mit Informationen zu einem bestimmten Thema abgelegt ist. Das Thema geht aus dem Dateinamen hervor:
DieLerche, DasSalz, DieMeise, DieLilie, DerHecht, DerGranit, DasPony, DieTanne, DerKalk, DieLärche, DieLibelle, DieTulpe, DasKaninchen, DasHeidekraut, DerSandstein.

Überlege dir geeignete Ordnernamen und weise die Dateien den passenden Ordnern zu. Stelle das Ergebnis in einem Objektdiagramm dar.

## 6

Suche auf einem Massenspeicher deines Rechners eine Datei mit einem Textdokument. Setze den Wert ihres Attributs „Schreibgeschützt" auf „ja". Öffne nun die Datei, ändere das Dokument und versuche es zu speichern. Was stellst du fest? Speichere das geänderte Dokument unter einem anderen Dateinamen.

## 7

Erstelle ein kleines Textdokument und speichere es ab. Suche nun mit Hilfe des Dateimanagers nach der erzeugten Datei und ändere das Suffix z. B. von „doc" nach „txt". Eventuell musst du die Einstellungen des Dateimanagers so ändern, dass das Suffix angezeigt wird. Dein Lehrer oder deine Lehrerin hilft dir dabei.

Öffne nun die Datei aus dem Dateimanager heraus. Was stellst du fest?

## 8

Erstelle ein kleines Textdokument und speichere es unter einem passenden Namen ab. Starte nun den Dateimanager und suche die dazugehörige Datei. Öffne die Datei mit demselben oder einem geeigneten anderen Softwarewerkzeug noch einmal. Stelle die Situation im Arbeitsspeicher und auf dem Massenspeicher entsprechend der Abbildung auf Seite 46 grafisch dar. Was geschieht, wenn du versuchst, die Datei von beiden Werkzeugen aus zu speichern?

# 2 Ordnerbäume

**1**
Lege einen Ordner mit dem Namen „Amerika" an. Bilde darin mit Hilfe weiterer Ordner die geographische Struktur Amerikas nach: Nord-, Mittel-, Südamerika. Erzeuge in diesen wiederum Ordner für die dazugehörigen Staaten. Suche dann im Internet oder auf passenden CD-ROMs nach Informationen über die Staaten, fasse sie in Dokumenten zusammen und lege diese in Dateien der jeweiligen Ordner ab.

Neben Dateien kann ein Ordner weitere Ordner enthalten. Will man z. B. über mehrere Sportarten Informationen speichern, dann kann man in einem Ordner „Sport" je einen Unterordner für jede Sportart anlegen. Weil jeder Ordner wiederum Dateien und Ordner enthalten kann, hat man zumindest theoretisch die Möglichkeit, beliebig tief ineinander verschachtelte Strukturen zu schaffen.

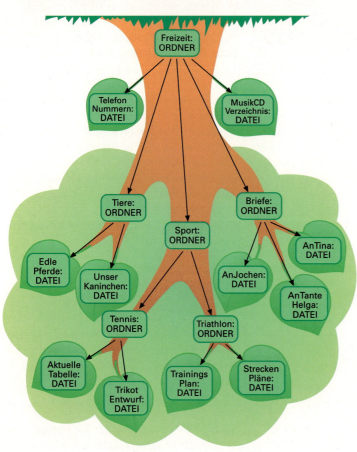

In einem Objektdiagramm mit Ordnern und Dateien können von jedem Objekt mehrere Linien für „enthält" ausgehen. Es kann aber auch sein, dass von einem Objekt nur eine oder überhaupt keine Linie ausgeht. Allerdings endet bei jedem Objekt höchstens eine Linie.

Eine solche Struktur nennt man in der Informatik einen **Baum**. Die Linien beginnen und enden bei **Knoten**. Einen Knoten, bei dem keine Linie endet, nennt man **Wurzel**. **Blätter** sind Knoten, von denen keine Linien mehr ausgehen.

Im gezeigten Beispielbaum ist der Ordner „Freizeit" die Wurzel und die Dateien sind die Blätter. Es wäre aber auch möglich, dass ein Ordner ein Blatt darstellt, nämlich dann, wenn er keine Dateien und Ordner enthält.

Ein Baumdiagramm zeichnet man am besten von der Wurzel aus. Gewöhnlich zeichnet man aber auch von oben nach unten. Deshalb stehen die Bäume der Informatik im Gegensatz zu den Bäumen in der Natur auf dem Kopf und ragen mit ihrer Wurzel in die Luft.

# Ordnerbäume

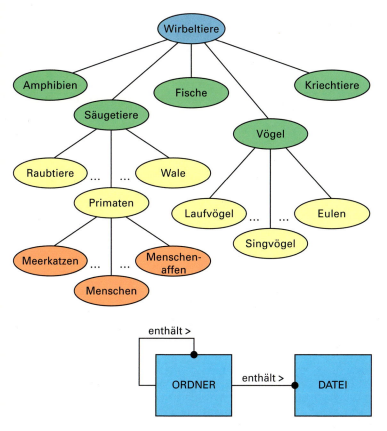

Baumstrukturen werden nicht nur in der Informatik gerne verwendet, um Zusammenhänge übersichtlich darzustellen.

Zum Beispiel kann man die gesamte Einteilung der Lebewesen, wie sie in der Biologie üblich ist, als Baum darstellen. Allerdings wäre der komplette „Baum des Lebens" schon allein wegen der Vielzahl der Lebewesen wieder nicht mehr übersichtlich. Deshalb zeichnet man üblicherweise nur Teilbäume mit den wesentlichen Informationen.
Stammbäume sind, wie der Name schon sagt, ebenfalls Baumstrukturen. Auch Gliederungen mathematischer Terme lassen sich gut in Bäumen darstellen.

Weil ein Ordner einen oder mehrere weitere Ordner enthalten kann, besteht hier eine Beziehung zwischen Objekten ein und derselben Klasse. Deshalb beginnt und endet im Klassendiagramm die Linie für diese Beziehung auch bei derselben Klasse. Das bedeutet jedoch nicht, dass ein Objekt dieser Klasse sich selbst enthalten kann!

Schreibt man die Bezeichner aller Objekte auf dem direkten Weg von der Wurzel bis zu einer bestimmten Datei bzw. einem bestimmten Ordner hintereinander, so erhält man den vollständigen **Pfad** der Datei bzw. des Ordners. Je nach verwendetem Betriebssystem des Rechners (LINUX, Windows, ...) wird dabei als Trennungszeichen ein „/" (Slash) oder ein „\" (Backslash) verwendet. Unter Windows steht am Anfang des vollständigen Pfades oft ein Laufwerksbuchstabe gefolgt von einem Doppelpunkt.

**Beispiel**
a)

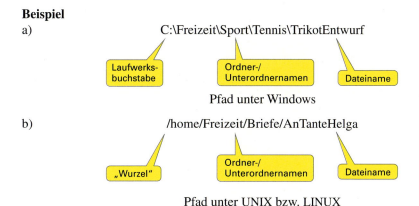

Damit eine neu zu erstellende Datei gleich im richtigen Ordner entsteht, muss man der Methode „Speichern unter" als weitere Information den ganzen Pfad der Datei übergeben.

**51**

# Ordnerbäume

**Aufgaben**

## 2

Erzeuge einen neuen Ordner „Deutschland", der je einen Ordner für jedes Bundesland enthält. Erzeuge dann im Ordner „Bayern" einen Ordner für jeden Regierungsbezirk. Erstelle nun ein Textdokument mit Informationen über deinen Wohnort und speichere es in einer Datei im Ordner für den richtigen Regierungsbezirk ab. Informationen über deinen Wohnort findest du z. B. im Internet.
Notiere den vollständigen Pfad der neu erstellten Datei.

## 3

Erkundige dich in Büchern, auf CDs oder im Internet über die Planeten unseres Sonnensystems.
Erzeuge einen neuen Ordner „Sonnensystem" mit einem Unterordner „Sonne" und je einem Unterordner für jeden Planeten. Viele Planeten besitzen einen oder mehrere Monde. Erzeuge für jeden Mond einen Unterordner im Ordner seines Planeten. Zeichne den Ordnerbaum mit der Wurzel „Sonnensystem".

## 4

Für diese Aufgabe brauchst du ca. 10 Heftstreifen, 10 Prospekthüllen und 20 Namensaufkleber. Zeichne den Ordnerbaum zur Struktur Amerikas aus Aufgabe 1 und bilde ihn mit Hilfe „realer" Büromaterialien nach: Verwende dabei für Ordner die Heftstreifen, für Dateien die Prospekthüllen und für Dokumente Papierbögen. Beschrifte die „Ordner" und „Dateien" mit ihren Bezeichnern auf kleinen Namensaufklebern.

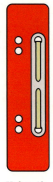

*Heftstreifen*

## 5

Ein vollständiger Satz in der deutschen Sprache besteht bekanntlich mindestens aus Subjekt und Prädikat. Das Subjekt wiederum kann aus einem Artikel und einem Substantiv bestehen. Stelle die Struktur des Satzes „Der Hund mopst dem Metzger eine riesige Wurst." in einem Baumdiagramm mit dem Satz als Wurzel dar. Die Blätter sind die einzelnen Wörter mit ihren Wortarten.

## 6

Zeichne den Stammbaum der folgenden Familie. Wer ist die Wurzel und wer sind die Blätter?
Anton, Franz und Beate sind Geschwister. Ihre Mutter heißt Brigitte. Anton hat eine Tochter und Franz hat zwei Söhne. Anja ist die Enkelin von Anton. Ihre Mutter heißt Sabine. Die Brüder Martin und Fritz sind Neffen von Anton und Beate. Margot und Martin sind Enkel von Brigitte. Fritz ist der Vater von Alexander. Alexanders Brüder heißen Markus und Bastian. Magdalena und Esther sind Cousinen dieser drei Brüder. Fritz ist der Onkel der Zwillinge Michael und Josef.

## 7

Zeichne zur Beziehung „Kind_von" einen Baum mit dir selbst als Wurzel und deinen Eltern, Großeltern, Urgroßeltern usw. als weiteren Knoten.

## 8

Ordne die dir bekannten Pflanzenarten in einem Baum wie dem auf Seite 51.

## 9

Russische Puppen (Matrjoschkas) sind so geschnitzt, dass man die größeren öffnen und die kleineren hineinstellen kann. Die nächstkleinere Puppe stellt sozusagen die Tochter der jeweils vorhergehenden dar. Zeichne zur Beziehung „steckt_in" für die vollständig zusammengesteckte Matrjoschka auf dem Foto ein Klassen- und ein Objektdiagramm. Überlege dir dazu selbst geeignete Klassen- und Objektbezeichner. Das Objektdiagramm bezeichnet man auch als „entarteten Baum". Warum wohl?

## Dateien speichern

Um Informationen für sich und andere festzuhalten, macht man Notizen und Aufzeichnungen. Technisch gesehen handelt es sich dabei um Folgen von Zeichen und Symbolen auf beschreibbaren Materialien.

Aufbau und Inhalt von Dokumenten können auf ganz ähnliche Weise durch Muster von Bits als kleinsten Informationsträgern beschrieben werden (vgl. Thema „Grafische Datenformate", Seite 25). Zur Darstellung von Bits im Arbeitsspeicher, auf Massenspeichern und in Datenleitungen verwendet man physikalische Eigenschaften der beteiligten Bauteile und Materialien. Zum Beispiel enthält der Arbeitsspeicher viele kleine elektronische Schalter, die zwei verschiedene Schalterstellungen einnehmen und zwischen diesen hin- und herwechseln können.

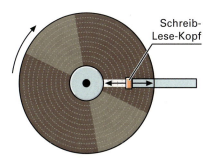

Auf der kreisförmigen Trägerscheibe einer Diskette ist eine magnetisierbare Schicht aufgebracht. Diese wird für den Betrachter unsichtbar in ringförmige Spuren unterteilt, die sich ähnlich wie das Band einer Musikkassette verhalten: Während die Scheibe durch den Laufwerksmotor gedreht wird, können aufeinander folgende kleine Abschnitte der Spuren durch den Schreib-Lese-Kopf auf zwei verschiedene Arten magnetisiert werden. Der verschiebbare Schreib-Lese-Kopf kann die Art der Magnetisierung später auch wieder ablesen und über eine Datenleitung weitermelden.

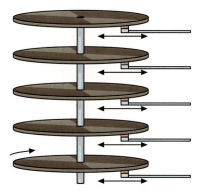

Eine Festplatte kann man sich wie einen Stapel von Disketten mit hoher Speicherfähigkeit, je einem Schreib-Lese-Kopf pro Scheibe und eigenem Laufwerk vorstellen. Im Gegensatz zu Disketten sind die Trägerscheiben allerdings nicht biegsam (engl. „floppy"), sondern formstabil („fest", engl. „hard disk"). Wegen der geringen Abstände zwischen Platten und

Schreib-Lese-Köpfen (viel kleiner als der Durchmesser eines Staubkorns) muss das Gehäuse einer Festplatte absolut staubfrei und staubdicht sein.

Auf einer CD befindet sich eine einzige, lange, spiralförmige Spur. Je nach Beschaffenheit können winzige Abschnitte dieser Spur das auftreffende Laserlicht auf zwei verschiedene Arten reflektieren, sodass der Strahl auf den lichtempfindlichen Detektor trifft oder eben nicht.

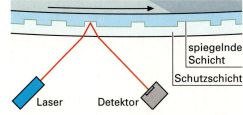

Fig. 1

Typisch für alle Speicherverfahren ist, dass es jeweils zwei voneinander unterscheidbare Werte gibt, welche die physikalischen Eigenschaften annehmen können. Eine Information wird durch ein Muster dargestellt, das mehrere „Speicherplätze" mit ihren momentanen Werten bilden. Um von den technischen Einzelheiten des jeweiligen Speichermediums unabhängig zu sein, ordnet man einem der beiden erlaubten Werte jedes Speicherplatzes das Zeichen „0" und dem anderen die „1" zu (vgl. Thema „Grafische Datenformate", Seite 25).

Die gespeicherten Informationen werden so durch Muster aus Nullen und Einsen dargestellt. Auch die Blinkzeichen von Leuchttürmen oder die Rauchzeichen der Indianer bilden Muster, hinter denen sich die zu übertragenden Informationen verbergen. Um die Informationen wieder zu erhalten, muss man die Muster richtig interpretieren können. Dabei ergibt sich in der Bitschreibweise eine besondere Schwierigkeit:

Wegen der einheitlichen Darstellung jeder Art von Information kann ein und dasselbe Muster je nach Zusammenhang ganz unterschiedliche Bedeutungen haben. Bitfolgen können z. B. als Darstellungen von Zahlen im **Dualsystem** (Zweiersystem) aufgefasst werden. Den Wert einer im Dezimalsystem (Zehnersystem) notierten Zahl erhält man bekanntlich, indem man die Werte der Ziffern mit dem jeweiligen Stellenwert ($1 = 10^0$, $10 = 10^1$, $100 = 10^2$ usw.) multipliziert und diese Produkte addiert. Im Dualsystem gibt es nur die Ziffern 0 und 1. Die Stellenwerte sind $1 = 2^0$, $2 = 2^1$, $4 = 2^2$ usw. Die Bitfolge „01000001" kann man also als Dualdarstellung der Zahl $1 \cdot 1 + 0 \cdot 2 + 0 \cdot 4 + 0 \cdot 8 + 0 \cdot 16 + 0 \cdot 32 + 1 \cdot 64 + 0 \cdot 128 = 65$ interpretieren.

In einem Textdokument kann dieselbe Bitfolge für das Zeichen „A" stehen. In einem Grafikdokument kann sie auch die Intensität einer der Grundfarben Rot, Grün oder Blau bei der Mischung einer Füllfarbe bedeuten.

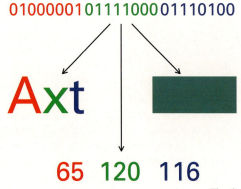

Das Muster von Nullen und Einsen in Fig. 2 kann also eine Folge von drei Buchstaben darstellen. In dieser Interpretation stehen die Folgen „01111000" und „01110100" für „x" bzw. „t", sodass sich das Wort „Axt" ergibt.

Mit der Interpretation als Farbanteile bedeutet dagegen dasselbe Muster z. B. den Wert „Dunkeltürkis" einer Füllfarbe. Schließlich kann die Bitfolge „01111000" die Zahl 120 und die Folge „01110100" die Zahl 116 darstellen.

Fig. 2

Alle Informationen über ein Dokument stehen, während das Dokument betrachtet oder bearbeitet wird, als ein derartiges, in der Regel sehr großes Bitmuster im Arbeitsspeicher. Änderungen am Dokument bedeuten Änderungen des dazugehörigen Musters. Auch ein Softwarewerkzeug wird übrigens durch ein solches Muster im Arbeitsspeicher repräsentiert, nachdem es gestartet wurde.

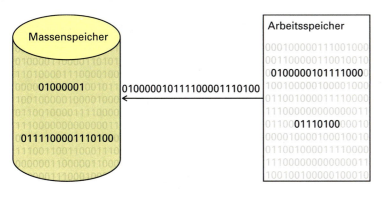

Zum erstmaligen Speichern („Speichern unter") muss auf dem Massenspeicher zunächst ein ausreichend großer freier Bereich für die Datei reserviert werden. Dabei kann eine Datei über mehrere Teilbereiche des Massenspeichers verteilt werden. Die Zuordnung der Teilbereiche zu den einzelnen Dateien muss jederzeit klar sein. Deshalb wird in ein Verzeichnis auf dem Massenspeicher eingetragen, wo genau sich die Datei bzw. deren Einzelteile befinden sollen. Diese Information und weitere wie z. B. das Erstelldatum oder auch die Ordnerzugehörigkeit werden auf dem Massenspeicher in speziell zu diesem Zweck reservierten Bereichen festgehalten. Anschließend wird das Bitmuster aus dem Arbeitsspeicher geordnet zum Massenspeicher übertragen und dort in der für den Massenspeicher typischen physikalischen Darstellung (magnetisch, optisch, ...) in die reservierten Bereiche geschrieben. Beim Aktualisieren einer bereits vorhandenen Datei („Speichern") muss bei veränderter Dateigröße mehr Speicherplatz reserviert bzw. kann Speicherplatz freigegeben werden. Die Einträge im Verzeichnis des Massenspeichers müssen entsprechend angepasst werden. Das zum Massenspeicher übertragene Bitmuster überschreibt dann ein bereits vorhandenes.

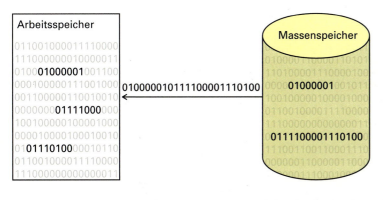

Beim Öffnen einer Datei wird zunächst der dazugehörige Eintrag im Verzeichnis des Massenspeichers gelesen. Nachdem feststeht, in welchen Teilbereichen sich die Datei befindet, wird ermittelt, wie viel Platz zur Darstellung des beschriebenen Dokuments im Arbeitsspeicher nötig ist. Dem verwendeten Softwarewerkzeug wird dann ein ausreichend großer freier Bereich zur Verfügung gestellt. Anschließend wird das Bitmuster vom Massenspeicher geordnet in den reservierten Bereich des Arbeitsspeichers übertragen und dort in der für den Arbeitsspeicher typischen physikalischen Darstellung (elektronische Schalterstellungen) abgelegt.

Bei größeren Dokumenten belegt das Muster auch im Arbeitsspeicher üblicherweise keinen zusammenhängenden Bereich, sondern ist auf mehrere kleinere Bereiche verteilt. Für die Verwaltung dieser Bereiche ist eine spezielle Software zuständig, die außerdem noch viele weitere Aufgaben beim Betrieb eines Rechners übernehmen muss: das **Betriebssystem** (z. B. Windows, LINUX, ...). Auch hier muss immer klar sein, welche Teilbereiche des Speichers welchem Dokument zugeordnet sind. Deshalb wird auch diese zusätzliche Information als Bitmuster im Arbeitsspeicher festgehalten.

# IV Informationsnetze

## Einführung

Lisa war noch ganz verschlafen, als es an diesem Samstagvormittag klingelte. Allerdings stand nicht der Postbote vor der Tür, wie Lisa vermutet hatte, sondern Elenas Bruder Jakob. Da war sie plötzlich hellwach. Die Haare noch vom Schlaf zerzaust und überhaupt ihre ganze Erscheinung – Gott wie peinlich! Aber Jakob schien ihre Verlegenheit überhaupt nicht wahrzunehmen. „Gut, dass du da bist. Ich hoffe, du kannst mir helfen. Mein Rechner spinnt und ich müsste mal dringend ins Internet. Ich muss noch ein paar Sachen im Netz nachschauen. An Elenas Rechner kann ich nicht, weil ich ihr Passwort nicht kenne und da wollte ich dich bitten, ob ich bei dir …" Erwartungsvoll sah er sie an. „Also, na ja, ich habe bisher zwar fast nur das E-Mail-Programm benutzt, aber von mir aus – komm rein." Schnell warf sie in ihrem Zimmer die Decke über das Bett, räumte den Stuhl vor dem Computer leer und nahm ihre Sachen unter den Arm. „Ich gehe dann erst mal ins Bad." „Äh, könntest du vielleicht erst den Rechner hochfahren, dann könnte ich solange schon …?" Zu blöd, sie war wirklich ziemlich von der Rolle.

Eine halbe Stunde später war Lisa geduscht, angezogen und frisch gekämmt. Und Jakob saß inzwischen sehr viel entspannter vor ihrem Rechner. „Wenn ich jetzt noch zwei Seiten ausdrucken darf, dann bin ich auch gleich wieder weg." Lisa nickte, dann sagte sie: „Du musst nicht gleich wieder gehen. Also, von mir aus jedenfalls nicht." Und so saß Jakob auch nach der nächsten halben Stunde immer noch vor ihrem Rechner. Lisa war das ganz recht, nur wusste sie nicht, worüber sie mit ihm reden sollte. „Hast du denn alles gefunden, was du gesucht hast?" Blöde Frage eigentlich. „Jaja. Ich habe auch noch ein paar gute Links gefunden, weißt du …" Offensichtlich erklärte er genauso gern wie seine Schwester. Also könnte sie gleich noch eine Frage hinterherschieben, überlegte Lisa. Allerdings musste es eine sein, bei der er nicht sofort merkte, dass sie eigentlich gar keine Ahnung hatte. „Wie funktioniert das mit diesen Links eigentlich genau?" So wie er sie daraufhin angeschaut hatte, war das wohl doch keine gute Frage. Aber dann merkte sie, dass Jakob Elenas Bruder war. Er setzte nämlich zu einer ausführlichen Erklärung an: „Also, ein Link ist eine Art Internet-Adresse. Das heißt, wenn man ihn anklickt, dann gelangt man auf eine ganz bestimmte Internet-Seite. Und dort findet man dann meist wieder neue Links, von denen man wieder auf andere Seiten gelangt und so weiter." „Hm, aber wenn mal auf einer Seite mehrere

Links sind, woher weiß ich dann, bei welchem es weitergeht?" Jakob überlegte einen Moment. „Du stellst dir das ein bisschen wie ein Buch vor, hm? Das ist aber falsch. Im Buch fängst du – wenn es nicht gerade ein Lexikon oder ein Wörterbuch oder so was ist – vorne mit dem Lesen an und dann liest du es der Reihe nach durch. Im Internet ist das anders, dort haben die Seiten keine feste Reihenfolge, sondern du selbst legst die Reihenfolge fest, indem du auswählst, welchen Link du als nächsten anklicken willst." Er lächelte, offensichtlich machte ihm das Erklären wirklich Spaß. „Neulich hat mir ein Freund von der Partnerschule in London einen Link auf die Homepage seiner Schule geschickt. Dort konnte man sich dann ansehen, was die so in der Schule machen. Zum Beispiel hatten da ein paar Leute eine Arbeit über Galileo Galilei geschrieben. Die war echt gut gemacht, mit lauter guten Links, vielen Bildern und so. Und dort gab es dann auch einen Link zu einem großen Galilei-Projekt an einer amerikanischen Uni. Und von dort wiederum bin ich über noch einen Link ins Internet-Museum für Galilei gekommen. Man kommt also ziemlich rum als Surfer. – Na ja, aber das interessiert dich wahrscheinlich nicht so wahnsinnig."

Da war Lisa schon wieder verlegen. Sie hatte ihm schon sehr gern zugehört, aber so direkt wollte sie ihm das auch nicht sagen. Also stellte sie lieber noch eine Frage: „Und wie baut man so eine Internet-Seite? Das ist doch bestimmt ziemlich kompliziert, oder?" Sie hätte es wissen müssen. Bei so einer Frage musste man sich bei einem Mitglied der Familie Heiser wieder auf eine längere Erklärung einstellen. „Also, das ist eigentlich ziemlich einfach." Den Satz kannte Lisa schon, es war einer von Elenas Lieblingssätzen. „Wenn du zum Beispiel in deinem Textverarbeitungsprogramm eine Internet-Adresse eintippst, sagen wir mal www.muenchen.de, dann machen die meisten modernen Programme daraus automatisch einen Link. Man muss nur darauf achten, dass man ihn richtig schreibt, schon beim kleinsten Fehler findet der Internet-Browser die richtige Adresse nicht mehr. – Und wenn man eine Internet-Seite erstellen will, dann benutzt man dafür wieder ein anderes Programm. Aber das wäre jetzt zu umständlich zu erklären." Endlich machte er eine Pause. „Ich könnte es dir aber mal zeigen. Vielleicht, wenn du das nächste Mal bei meiner kleinen Schwester bist, okay? – Ich muss jetzt auch los. Und vielen Dank noch mal!" Und schon war er weg.

Hinterher wusste Lisa nicht so recht, was sie von diesem Besuch halten sollte. Klar, er war wirklich sehr nett zu ihr gewesen. Aber die letzte Bemerkung hatte sie nicht so toll gefunden. Zwar war Elena noch ein Jahr jünger als sie, aber hatte er dieses „bei meiner kleinen Schwester" so sehr betonen müssen?

# 1 Verweise auf Dokumente

**1** 👥
Unser Planetensystem besteht aus der Sonne und neun Planeten. Kennst du sie alle? Legt verteilt auf einige Gruppen für alle Planeten eine Seite mit wichtigen Informationen und einem kleinen Bild an. Als Informationsquellen helfen ein elektronisches Lexikon oder Suchen im Internet sicher weiter. Dann verbindet ihr diese Seiten so durch Verweise (Hyperlinks oder Links), dass man durch ihre Aktivierung jeweils die Seiten der Nachbarplaneten erreichen kann.

Fig. 1

In Fig. 2 sind einige Länder des Kontinents Amerika genannt. Lexika oder Sachbücher ermöglichen durch Angabe von Querverweisen, zusammenhängenden Informationen nachzugehen. Das elektronisch vernetzte Dokument erlaubt uns, bequem in verschiedenen Dokumenten zu navigieren.

Dazu werden **Verweise** verwendet. Erkennbar sind Verweise in einem Dokument an einer farbigen, oft blauen Schrift, die einfach unterstrichen sein kann. Auch eine Veränderung des Mauszeigers, wenn man Text, ein Icon oder eine Grafik überstreicht, zeigt eine Verknüpfung an.

Der Verweis besitzt also als Attribut einen Text oder eine Grafik. Wenn man auf die Stelle, an der sich der Mauszeiger verändert, klickt, führt das dazu, dass entweder innerhalb desselben Dokuments eine andere

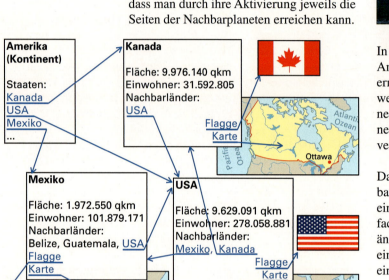

Fig. 2

Textstelle angezeigt oder eine neue Datei geöffnet wird. Zur besseren Übersicht benutzen wir „Auslöser" als Bezeichner dieses Attributs. Ein weiteres Attribut eines Verweises ist die Adresse eines Zieldokumentes.

Jedes Dokument, das elektronische Verweise enthält, heißt **Hypertextdokument** (**hyper** (griech.): über, über ... hinaus).

Beim Öffnen einer Hypertextdatei oder durch Aktivierung eines Verweises, z. B. durch Mausklick, wird das Zieldokument durch ein geeignetes Softwarewerkzeug, das man **Browser** (**to browse** (engl.): schmökern, blättern) nennt, dargestellt. Der Browser spielt für das Betrachten der Hypertextdokumente in etwa die gleiche Rolle wie ein Fernseher, der es ermöglicht Fernsehbilder anzusehen.

# Verweise auf Dokumente

**VERWEIS**

Auslöser
Adresse

ZielAnfordern()

**Verweise**, **Hyperlinks** oder kurz **Links** sind Objekte der neuen Klasse VERWEIS. Das Klassendiagramm dieser neuen Klasse enthält die beiden oben schon genannten Attribute. Ein Objekt der Klasse VERWEIS hat die Methode „ZielAnfordern".

Verweise, die nicht auf ein Hypertextdokument zielen, starten oft das Herunterladen von Dateien auf den eigenen Computer.

**Aufgaben**

**2**

Hier seht ihr eine Abbildung der Länder in Europa. Welche Staaten mit den zugehörigen Hauptstädten erkennt ihr? In einem hypertextfähigen Editor schreibt ihr alle diese Staaten in eine Textseite und speichert diese als index.htm in einem neuen Ordner „Europa". Schreibt nun arbeitsteilig für jeden dieser Staaten eine Textseite, die wichtige Informationen enthalten soll. Anschließend speichert ihr jedes Dokument unter einem geeigneten Namen, z. B. frankreich.htm, in einem gemeinsamen Ordner. Als Informationsquellen können Lexika, Bücher oder Recherchen im Internet dienen. Nun erzeugt jeder Kopien aller Dateien in seinem persönlichen Ordner. Dort wird die Seite von Deutschland mit dem seiner Nachbarländer und an entsprechender Stelle mit der Startseite verknüpft. Wer noch Zeit hat, kann weitere Verweise einbringen. So werden Dokumente zu einem Hypertext zusammengefügt.

**3**
Wo kannst du im Browser den Namen der Datei, in der das aktuelle Hypertextdokument gespeichert ist, ablesen?

**4**
Wenn du mit dem Mauszeiger auf einer Verweisstelle verharrst, ohne die Maustaste zu drücken, erscheint irgendwo auf dem Bildschirm eine neue Information. Was sagt sie aus?

**5**
Es gibt verschiedene Werkzeuge (Browser), um Hypertextdokumente darzustellen. Sieh dir einige Hypertextseiten mit unterschiedlichen Browsern an. Was fällt dir auf?

**6**
Erstellt arbeitsteilig zu allen grenzüberschreitenden großen Flüssen, Mittel- und Hochgebirgszügen Europas je eine Textseite in einem Editor, die ihr jeweils unter entsprechendem Namen in einem gemeinsamen Verzeichnis abspeichert. Fertigt mit einem Grafikprogramm eine Zeichnung an, aus der die Lage der Flüsse und Gebirge hervorgeht. Bezeichner, die den wahren Namen nicht verraten, z. B. Fluss1, Fluss2, …, werden in Textfeldern an die entsprechenden geographischen Objekte angebracht. Diese Bezeichner werden mit der Seite zum jeweiligen Objekt verknüpft. Jetzt kann jeder seine geographischen Kenntnisse prüfen, z. B. ob er die Donau an ihrem Platz in der Zeichnung richtig erkannt hat. Öffnet er nämlich den richtigen Verweis, erscheint die Seite über die Donau im Browser.

**7**

Nicht nur Objekte im Informatikunterricht, sondern auch die Tiere auf unserem Planeten lassen sich in Klassen einteilen. Rechts ist ein Ausschnitt einer Klassifizierung der Tierwelt dargestellt. Erstelle eine Startseite mit der angegebenen Gliederung und verfeinere sie durch das Einordnen aller unten abgebildeten Tiere in das Schema. Du kannst auch noch weitere Tierklassen und Unterordnungen ergänzen und neue Beispiele finden. Speichere diese Seite als index.htm in einem neuen Ordner „Tierlexikon".
Erstellt in Gruppenarbeit zu jedem Tier eine Textseite, die wichtige Informationen zur genannten Tierart enthalten soll. Anschließend speichert ihr jedes Dokument unter einem geeigneten Namen, z. B. geier.htm. Als Informationsquellen können Lexika, Bücher oder Recherchen im Internet dienen.

Die Welt der Tiere

Säugetiere
- Raubtiere
- Wale
- …

Vögel
- Raubvögel
  - Geier
- Strandvögel
- …

Kriechtiere
- Krokodile
- Schildkröten
- …

Fische
- Plattfische
- Raubfische
- …

…

Wenn du alle entstandenen Dateien auf deinen Arbeitsplatz übertragen hast, überlege dir, welche Seiten sich sinnvoll durch Verweise verknüpfen lassen und füge diese Links in die Dokumente ein. Verknüpfe alle Seiten mit der Startseite „index.htm".

## 2 Hypertexte im Internet

**1** 👥
Erkunde und protokolliere die Verknüpfungsstruktur einiger Hypertextdokumente von Bayern (z. B. www.bayern.de). Fertige dazu ein Objektdiagramm an, das mindestens zehn Hypertextdokumente dieser Struktur mit den jeweils davon ausgehenden Verweisen enthält. Notiere auch die Adressen der Verweisziele und überlege, was die einzelnen Komponenten der Adresse bedeuten könnten. Vergleiche deine Ergebnisse mit denen deiner Nachbarn.

Im Internet steht eine gewaltige Anzahl von Hypertextdokumenten, die durch Verweise miteinander verknüpft sind. Dieser Teil des Internets heißt auch **World Wide Web** (noch kürzer: **WWW**, **W3** oder einfach **Web**). Der Aufbau und die Struktur von Hypertextdokumenten wird durch eine geeignete, gemeinsame Sprache beschrieben. Das ist notwendig, um die Dokumente überall auf der Welt mit unterschiedlichen Browsern lesbar darstellen zu können. Diese besondere Sprache heißt **Hypertext Markup Language (HTML)**. Man kann sich das World Wide Web als eine Unmenge von Pinnwänden vorstellen, deren Inhalt man vom Computer aus betrachten kann. Diese Inhalte können Texte und Bilder, aber auch Videosequenzen und Geräusche sein.

*Es steht jedermann frei, Inhalte im WWW zu publizieren. Daher gibt es leider auch viele Anbieter, die unglaubwürdige, gefälschte oder moralisch zweifelhafte Inhalte einstellen. Bei der Lektüre von Webseiten ist daher grundsätzlich Vorsicht geboten: Erst nach Überprüfung des für die jeweilige Seite verantwortlichen Anbieters kann man ihre Glaubwürdigkeit abschätzen. Vertrauenswürdig sind z. B. meist staatliche Einrichtungen, Schulen oder Universitäten.*

Wenn man ein Dokument abrufen will, das sich nicht in einer lokalen Datei befindet, so muss das Programm, mit dem man das Dokument anzeigen möchte (**Browser**), eine Anfrage an den Rechner abschicken, auf dem die gewünschte Datei gespeichert ist. Falls alles gut geht und der Rechner, dessen Adresse im Verweis angegeben ist (**Server**), auf die entsprechende Datei zugreifen kann, schickt er eine Kopie des Inhalts an den Browser, der das Übersandte dann als Hypertextdokument auf dem Bildschirm darstellt. Unser Browser findet sich also in der Rolle eines Kunden (engl. **client**) wieder, der den Server um eine Dienstleistung bittet. Diese Vorgehensweise nennt man **Client-Server-Prinzip**.

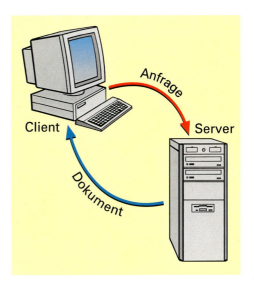

Um ein gewünschtes Dokument, das auf einem Server des WWW gespeichert ist, abrufen zu können, sind folgende Angaben notwendig:
An welchen Server will man sich wenden?
Wo, in welchem Ordner, befindet sich die zugehörige Datei?
Wie heißt die Datei, in der das Dokument gespeichert ist?

# Hypertexte im Internet

**Trend-Jeans** aus 100 % Baumwolle
Erhältlich in den Größen 146–176
Preis: 64,96 €
Farbe: Indigo  Best.-Nr. 3-486-98768

**Cooles T-Shirt** aus 100 % Baumwolle
Erhältlich in den Größen 92–176
Preis: Gr. 92–140  18,90 €
  ab Gr. 146  20,90 €
Farbe: rot  Best.-Nr. 3-486-67493
Farbe: grün  Best.-Nr. 3-486-67495

Das funktioniert so, wie wenn man bei einem Versandhaus eine bestimmte Ware bestellt. Zunächst muss man sich für einen bestimmten Anbieter entscheiden. Dann wählt man aus dessen Katalog auf einer bestimmten Seite den gewünschten Artikel mit seinem Bezeichner (Bestellnummer) aus und schickt die Bestellung ab. Ist der Artikel lieferbar, dann kommt er nach einigen Tagen per Post ins Haus.

Alle notwendigen Angaben werden auf einmal ausgetauscht. Deshalb hat man sich auf ein bestimmtes Format für die Adresse geeinigt: den **U**niform **R**esource **L**ocator (**URL**). An einem Beispiel wird verdeutlicht, aus welchen Teilen er besteht:

*Mit Hilfe eines Protokolls wird geregelt, wie Daten zwischen elektronischen Geräten übertragen werden. Näheres hierzu findest du auf Seite 71.*

Soll ein Dokument im Browser angezeigt werden, das auf einer lokalen Festplatte gespeichert ist, ändert sich der URL zum Beispiel folgendermaßen:

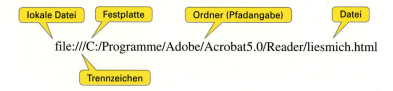

Jeder Verweis zielt auf ein Objekt der neuen Klasse **VERWEISZIEL**. Das Klassendiagramm dieser Klasse enthält als einziges Attribut den Namen des Verweisziels. Ein Objekt der Klasse VERWEISZIEL hat keine Methode.

**Veranstaltungen im März**

**Veranstaltungskalender**
**Januar**
  6. 1. Dreikönigskonzert
12. 1. Skispringen
**Februar**
12. 2. Faschingsball
...
<Ziel1> **März**
23. 3. Frühlingskonzert

Besonders dann, wenn das Zieldokument sehr lang ist, kann es günstig sein, wenn ein Verweis nicht auf dessen Anfang zielt, sondern an eine bestimmte Stelle innerhalb des Dokuments. Hier kann man explizit ein Verweisziel, oft auch **Sprungziel** oder **Marke** genannt, einfügen. Der abgebildete Kalender veranschaulicht dies. Ist kein ausdrückliches Verweisziel gesetzt, so verweist der Link auf den Dokumentanfang als Standardverweisziel.

# Hypertexte im Internet

Man kann schon im URL mitteilen, an welcher Stelle des Textes der Browser mit der Anzeige beginnen soll. Dafür hängt man den Namen des Verweisziels, durch ein Doppelkreuzzeichen getrennt, an die Adresse der gewünschten Datei an:

http://www.bayern.de/Politik/Staatskanzlei/index.html#Personal

*Name des Verweisziels*

Wird bei der Angabe des URL versehentlich ein nicht existierendes Sprungziel angegeben, so wird automatisch das Standardverweisziel am Dokumentenanfang angesprochen.

**Aufgaben**

### 2
Welche Antwort erhältst du, wenn du eine Anfrage nach einem nicht existierenden Dokument (auf einem existierenden Webserver) richtest?
Notiere ein Beispiel für Anfrage und Antwort.

### 3
Schreibe den URL deiner Schulhomepage auf und erkläre die einzelnen Bestandteile. Sind innerhalb des Dokuments Sprungziele gesetzt? Falls du eines entdeckst, notiere den Namen.

### 4
Normalerweise wird die Verbindung zum Internet mit dem PC durch spezielle Geräte (z. B. über ein Modem oder eine ISDN-Karte) und die normale Telefonleitung hergestellt. Ein **Provider** (engl. Versorger), bei dem ein Kunde angemeldet ist, verbindet Telefonnetz und Internet.
Über welchen Provider kommst du in der Schule ans Netz?
Falls du zu Hause einen Internetzugang hast, bei welchem Provider seid ihr angemeldet?

### 5

Wie heißt der Server in dem abgebildeten URL? Wie heißt die angeforderte Datei und in welchem Ordner befindet sie sich? Welche Informationen stehen auf dieser Seite?

### 6
Welche Antwort erhältst du, wenn du eine Anfrage an einen nicht existierenden Webserver richtest?
Notiere ein Beispiel für Anfrage und Antwort.

### 7

Von vielen Providern bekommt der Kunde auf ihrem Server einen Speicherbereich zugewiesen, auf dem er eine eigene Homepage einstellen kann. Man bekommt natürlich auch einen URL für diese Seite zugeteilt. Die abgebildete Homepage würde sich als Homepage einer Familie nicht eignen. Weshalb nicht?
Welche grundsätzlichen Vorgaben sollte man vor Erstellen eines solchen Hypertextdokuments unbedingt beachten, um eine verantwortungsvolle Nutzung des Datennetzes zu gewährleisten?

### 8
Weshalb sollten Hypertextdokumente nicht von einem Server, der sehr weit weg steht, z. B. in den USA oder Neuseeland, angefordert werden, wenn die gleichen Informationen auch auf einem deutschen Server zu finden sind?

# 3 Hypertextstrukturen

**1**
Was machst du eigentlich in deiner Freizeit und in den Ferien? Sport, Freunde besuchen, Ausflüge mit Freunden, Reisen mit der Familie, Teilnahme an Veranstaltungen von Jugendklubs? Verknüpfe selbst erstellte Dokumente, die deine Freizeit- und Reiseaktivitäten widerspiegeln. Suche dazu auch im Internet nach passenden Dokumenten und füge Verweise darauf in deine Dokumente ein.

Hypertext eröffnet die Möglichkeit zur Darstellung von Informationsstrukturen. Als „Klebstoff" dient bei diesen Strukturen die Beziehung „verweist_auf" zwischen den Dokumenten. Beispielsweise gibt es im Hypertextdokument Reisen (Fig. 1) Verweise auf Verweisziele in den Dokumenten Griechenland, Serfaus, Korsika, Hahnenkamm und Wengen. In das Dokument Reisen weist eine Verknüpfung aus dem Dokument Freizeit.

Allerdings ergibt sich hier, anders als bei Ordnern und Dateien, nicht zwangsweise eine Baumstruktur, da ein Dokument auf beliebig viele andere verweisen und umgekehrt auch Ziel von beliebig vielen Verweisen sein kann. Die Dateien werden hier miteinander „vernetzt". Die Objektstruktur sieht dann auch eher wie ein Netz aus.

Fig. 1

Das Internet mit seinen vernetzten Strukturen erleichtert maßgeblich eine weltweite Zusammenarbeit und die Nutzung gemeinschaftlicher Ressourcen. Man gelangt so wesentlich schneller an Informationen als auf dem Postweg oder über die Fernausleihe der Bibliothek.

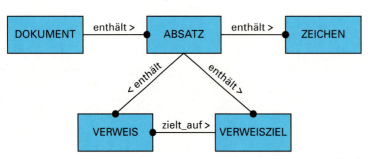

Das vollständige Klassendiagramm für Hypertexte zeigt in kompakter Form alle möglichen Beziehungen. Genau genommen enthalten die Hypertextdokumente die Verweise und Verweisziele immer als Inhalte ihrer Absätze. Ein Objekt der Klasse VERWEIS zielt auf genau ein Objekt der Klasse VERWEISZIEL. Dieses kann aber von vielen Verweisen angesprochen werden.

Fig. 2

Möchte man selbst eine Hypertextseite erstellen, ist es wichtig, zwischen zwei veschiedenen Möglichkeiten der Adressierung von Verweiszielen zu unterscheiden: In Fig. 1 ist ein Ausschnitt aus Angelas Ordnerbaum auf ihrem Computer gezeigt. Sie hat sich vorgenommen, in ihrem Dokument, das in der Datei reise.htm gespeichert ist, einige Verknüpfungen einzufügen. Verknüpft man ein Dokument mit einem anderen, das im selben Ordner gespeichert ist, so genügt die Angabe des dazugehörigen Dateinamens, eventuell mit angegebenem Sprungziel innerhalb des Dokuments, z. B. hobbys.htm#mitte. Liegt die Zieldatei in einem anderen Ordner als das zu verknüpfende HTML-Dokument, so muss der Verzeichnispfad angegeben werden. Es gibt zwei Möglichkeiten, dies zu erreichen:

1. Durch eine **absolute Adressierung**:
   Möchte Angela z. B. von ihrem Dokument in der Datei reise.htm aus einen Verweis auf das Dokument, das in der Datei usa.htm gespeichert ist, einfügen, heißt der einzugebende URL: C:/Eigene Dateien/Atlas/usa.htm.
2. Daneben gibt es die **relative Adressierung**: Das gleiche Ziel usa.htm von dem genannten Dokument aus erreicht Angela, wenn als URL ../../Atlas/usa.htm eingefügt wird. „../" bedeutet das Aufsteigen von dem Ordner, in dem man sich befindet, in den übergeordneten Ordner.

Spricht man eine Datei absolut an, legt man sich dadurch auf die gesamte Ordnerstruktur fest: Wird der Ordner „Eigene Dateien" einmal an einen anderen Ort im Ordnersystem verschoben, so müssen dadurch viele absolute Verweisadressen geändert werden. Bei relativer Adressierung ist das in unserem Beispiel nicht notwendig.

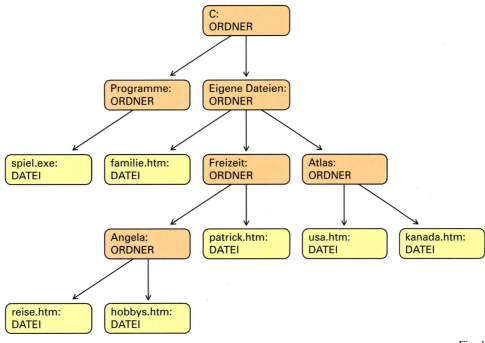

Fig. 1

**Aufgaben**

**2**

Angela möchte im Dokument, das in der Datei hobbys.htm (vgl. Fig. 1) gespeichert ist, einen Verweis auf das Dokument in der Datei patrick.htm anlegen. Welche verschiedenen Pfadangaben sind als Adressierung möglich?

**3**
Ein weiterer Verweis in Angelas Dokument (Fig. 1 auf Seite 65), das in der Datei reise.htm gespeichert ist, soll auf die Seite www.pizza.de des WWW gehen. Welchen Attributwert zum Attribut Adresse muss Angela nun angeben? Stelle die Lösung in der Kurzschreibweise dar.

**4**
Bilde die Hypertextstruktur der Homepage deiner Schule in einem Objektdiagramm ab. Welche Dokumente sind durch die Beziehung „verweist_auf" verknüpft? Trage die Objektbeziehungen als Pfeile in die Grafik ein.

**5**

Ihr sollt in Gruppenarbeit den altbekannten Wettlauf zwischen dem Hasen und dem Igel mit Hilfe von Hypertextdokumenten simulieren. Dazu legt ihr arbeitsteilig für jede wichtige Konstellation (z. B. Hase und Igel bei der Wette, Igel und Igelfrau besprechen sich, Igelfrau am Ziel) je ein Dokument mit dem entsprechenden Teil der Geschichte (und vielleicht mit einem kleinen Bild) an, speichert sie unter geeigneten Namen und verbindet die Seiten durch passende Verweise, sodass man durch Aktivierung dieser Verweise die ganze Geschichte in der richtigen Reihenfolge verfolgen kann.

**6**
Katrin hat für ihre Familie eine Homepage erstellt. Was müssen Katrin und ihre Familie bedenken, wenn sie die Hypertextdokumente im Internet veröffentlichen wollen? Welche Informationen sollten sie auf keinen Fall dort publizieren, bei welchen sollten sie zumindest vorsichtig sein? Diskutiere die Problematik mit deinem Nachbarn.

**7**
Warum dienen die Bestimmungen zum Datenschutz der Sicherheit und der Sicherung unserer Privatsphäre? Von welchen Missbrauchsmöglichkeiten der Nutzung des Internets hast du schon gehört? Wie kann man sich vor Datenmissbrauch schützen?

**8** **Projekt mit der Physik**

In einem gemeinsamen Projekt mit dem Fach Physik soll die Funktionsweise eines Mikroskops beschrieben werden. Zunächst suchen wir dazu Informationen im Internet und in elektronischen Lexika zu folgenden Aspekten:
– Entstehung des reellen Zwischenbildes und des virtuellen Gesamtbildes: Strahlengang vom Objekt über Objektiv- und Okularlinse ins Auge des Betrachters,
– Geometrie des Gerätes: Brennweiten, Gehäuseabmessungen, Vergrößerungsfaktor,
– Grenzen von optischen Mikroskopen: Wellennatur des Lichtes,
– Farbfehler: spektrale Zerlegung des Lichtes,
– Geschichte des Mikroskops.
Sammelt einschlägige Dokumente zu den obigen Themen in einem gemeinsamen Verzeichnis. Erstellt zu jedem der genannten Aspekte ein eigenes Hypertextdokument mit den wichtigsten Informationen. Verbindet eure eigenen Dokumente untereinander und mit den gesammelten Quellen durch Verweise.

# 4 Elektronische Post

**1**
Schicke an deinen Lehrer eine E-Mail, in der du deine positive oder negative Kritik am bisherigen Informatikunterricht mitteilst. Vielleicht hast du ja sogar einen guten Verbesserungsvorschlag?

Mit Hilfe von E-Mail-Systemen können Dokumente als elektronische Nachrichten über Rechnernetze verschickt werden. Diese Nachrichten werden als Objekte der Klasse NACHRICHT mit den Attributen „Absender", „Empfänger", „Kopienempfänger", „Betreff" und „Nachrichteninhalt" betrachtet.

Wichtige Methoden der Klasse NACHRICHT sind „Versenden", „EntwurfSpeichern", „Antworten", „Weiterleiten" (benötigt als Parameter die Empfängeradresse) und „AnhangEinfügen" (unter Angabe der Datei).

| NACHRICHT |
|---|
| Absender |
| Empfänger |
| Kopienempfänger |
| Betreff |
| Nachrichteninhalt |
| Versenden() |
| EntwurfSpeichern() |
| Antworten() |
| Weiterleiten(Empfänger) |
| AnhangEinfügen(Datei) |
| ... |

Besonders praktisch ist die Möglichkeit, elektronischen Nachrichten andere Dateien beliebigen Typs als Anhang beizufügen. Dies wird durch Objekte der Klasse ANHANG ermöglicht, die an Nachrichten angefügt werden können und ihrerseits wiederum Dokumente enthalten. Leider eröffnet dieser Mechanismus aber auch Sicherheitslücken:
So kann im Anhang z. B. eine Datei enthalten sein, die mit einem Virus infiziert ist. Öffnet man diese, so breitet sich der Virus eventuell auf dem eigenen Computer aus und richtet Schaden an.
Generell sollte man deshalb bei E-Mails mit Anhängen vorsichtig sein. Erhält man eine E-Mail mit Anhang von einem unbekannten Absender, ist es am sichersten, den Anhang ungeöffnet zu löschen.

| ANHANG |
|---|
| Bezeichner |
| Art |
| Umfang |
| Öffnen() |
| Speichern() |

Da sich Viren häufig automatisch an alle Einträge in einem elektronischen Adressbuch weiter versenden, garantiert auch ein bekannter Absender keine Sicherheit. Im Zweifelsfall sollte man beim Absender rückfragen, ob diese Mail wirklich so von ihm verschickt wurde, bevor man den Anhang öffnet. Manchmal kann man sich so einen Virus oder Wurm auch schon beim Öffnen einer E-Mail einfangen. Am besten holt man verdächtige E-Mails erst gar nicht vom Postfach ab.

Elektronische Post

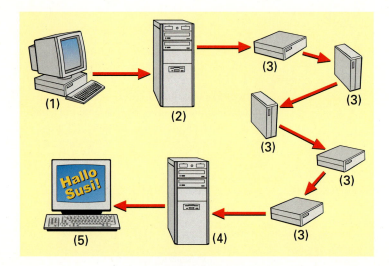

Wie geht der Transport einer elektronischen Nachricht vor sich?
(1) Der Verfasser der Nachricht erstellt diese zunächst auf seiner Arbeitsstation.
(2) Wenn er damit fertig ist, schickt er die Nachricht an seinen Mailserver mit dem Auftrag zur Zustellung an den Empfänger. Dieser Mailserver speist die Nachricht in das Rechnernetz ein, über das die Zustellung erfolgen soll.
(3) Über (meist zahlreiche) Vermittlungsrechner gelangt die Nachricht dann in das in der Empfängeradresse angegebene Postfach des zuständigen Mailservers.
(4) Dort wird sie gelagert, bis sie der Empfänger abruft.
(5) Beim Abruf der Nachricht von seinem Mailserver eröffnen sich für den Empfänger oft zwei Möglichkeiten:
   a) Er kann die Nachricht auf seinen Rechner kopieren und im Postfach des Mailservers löschen oder
   b) eine Kopie dort belassen.
Im ersten Fall kann die Nachricht nicht mehr von anderen Rechnern aus betrachtet werden, im zweiten Fall kann sich eine Menge Datenmüll auf dem Mailserver ansammeln.

Als Alternative zu (5) verfahren viele kostenlose E-Mail-Dienste so, dass die Nachricht überhaupt nicht auf die Arbeitsstation des Empfängers kopiert, sondern mit Hilfe eines Webbrowsers direkt aus dem Postfach des Mailservers gelesen wird („Webmail"). Der Nachteil dieser Lösung liegt darin, dass keine Archivierung der Nachrichten auf dem eigenen Rechner möglich ist und Anhänge nicht so leicht übertragen werden können.

Um eine elektronische Nachricht zustellen zu können, benötigt man also eine Zieladresse, die aus zwei Teilen besteht, welche durch das @-Zeichen (gesprochen „at", auch „Klammeraffe" genannt) getrennt werden:

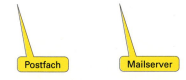

Oft bezeichnet der Teil nach dem @-Zeichen anstatt eines einzigen Rechners einen ganzen Bereich des Internets („Domäne"):

Hansi.Mustermann@epost.de

In diesem Fall wird innerhalb dieser Domäne festgelegt, welcher Rechner für die ankommende Post der Domäne verantwortlich ist (Standardmailserver). Die Angabe eines konkreten Rechners ist so nicht mehr notwendig.

**Aufgaben**

**2**
Elektronische Post – Gelbe Post
Du weißt sicher, wie Briefe und Postkarten durch die Deutsche Post eingesammelt, verteilt, transportiert werden und letztlich bei dir in den Briefkasten gelangen. Schreibe die abgebildete Tabelle ab und füge die fehlenden Begriffe bei der Gegenüberstellung der beiden Transportsysteme ein.

| Elektronische Post | Gelbe Post |
|---|---|
| Mailserver des Absenders | |
| | Hausbriefkasten |
| Abrufen | |
| | Absenderadresse |
| Empfängeradresse | |
| Vermittlungsrechner | |
| | LKW, Briefträger |
| | Zustelldauer: 1 Tag |
| Kosten: wenige Cent; Verbindungskosten ins Netz | |

**3**

In der Zeichnung ist der Weg einer E-Mail durch das Internet dargestellt. Beschreibe in eigenen Worten, was abläuft, wenn der Absender einer E-Mail den Knopf „Senden" drückt, bis die Nachricht schließlich vom Empfänger gelesen wird.

**4**
Schreibe an deinen Sitznachbarn eine Kettenmail: Beginne z. B. eine interessante Geschichte, die dein Nachbar weiterentwickeln muss. Danach leitet er sie einem dritten Klassenkameraden weiter, der sie wieder fortsetzen muss. Es sollten vier bis fünf Schüler jeweils eine Versandgemeinschaft bilden.

**5**
Warum muss man beim Öffnen einer E-Mail und besonders eines Anhangs sehr vorsichtig sein, wenn die Mail von einem unbekannten Absender stammt?

**6**

Stefanie hat von Katja eine Einladung per E-Mail bekommen. Wie konnte Katja eine bunte Nachricht mit Bildern versenden?

**7**
Überlege dir drei Argumente, warum die Nachrichtenübertragung durch elektronische Post nützlich ist.

**8**
Oft werden für die Attribute, Methoden und weitere Begriffe im Zusammenhang mit elektronischen Nachrichten englische Bezeichner benutzt. Versuche zu den folgenden englischen Fachwörtern die entsprechenden deutschen Übersetzungen anzugeben:
to attach a file – attachment – attributes – body – class NEWS – copyrecipient – e-mail – forward – methods – reply – recipient – send – sender – structure of an e-mail address – subject.

## Datenaustausch im Internet

Das Internet ist nicht durch eine zentrale Organisation aufgebaut worden. Vielmehr schließen sich weltweit Organisationen, z. B. Universitäten, zusammen und verbinden ihre Computernetze durch gemietete Datenleitungen. Das Internet besteht aus Computernetzwerken mit mehr als 580 Millionen (Stand: 2002) zeitweise angeschlossenen Computern (Internetzugängen) und mit mehr als 1 Million (Stand: Ende 2000) ständig verbundenen Computern. Schon bald sollen es eine Milliarde Internetzugänge sein, weil neben dem Computer auch

andere Geräte (TV, Spielekonsolen) internetfähig werden. Die Verwaltung des Internet übernehmen eine Reihe von Organisationen und Firmen in den USA und ihre Filialen in Europa.

Der gewöhnliche Internetnutzer stellt die Verbindung zum Internet mit dem PC durch spezielle Geräte (z. B. über ein Modem oder eine ISDN-Karte) und die normale Telefonleitung her. Ein **Provider** (engl. Versorger), bei dem der Kunde angemeldet ist, verbindet Telefonnetz und Internet.

Die Adressen und Namen eines Servers im Internet setzen sich nach ganz bestimmten Regeln zusammen. Beispielsweise wird der Server mit der eindeutigen Namensstruktur www.schule.bayern.de betrachtet, die **Domain-Name** heißt. Diesen Namen kann man sich leichter merken als die intern beim Adressaufruf für denselben Server verwendete Zahlenkombination 194.95.207.90, die **numerische IP-Adresse** (IP: Internet Protocol) genannt wird. Der Name eines Servers ist nicht nur besser zu behalten, sondern erleichtert es auch, ein Computersystem zu lokalisieren. Viele Namen der Internet-Rechner beginnen mit www und enden mit einer Silbe, die entweder eine Landeskennung oder eine Typkennung beinhaltet. Einige wichtige sind in der nachfolgenden Tabelle aufgeführt.

| de Deutschland | ch Schweiz | at Österreich | fr Frankreich |
|---|---|---|---|
| uk Großbritannien | au Australien | ca Kanada | jp Japan |
| com kommerzielles Unternehmen | edu Bildungseinrichtung | org nichtkommerzielle Organisation | net Netzwerkbetreiber |

Möchte man ein bestimmtes Dokument ansehen, tippt man die Adresse, auch URL (siehe Seite 62) genannt, ein. Zum Beispiel gibt in http://www.bundestag.de „**http**" an, welches Protokoll (siehe Seite 71) verwendet werden muss und www.bundestag.de ist der Domain-Name des Computers, auf dem das Dokument gespeichert ist. Der Provider weiß nun, welches Dokument gewünscht wird, aber er kennt den angegebenen Rechner nicht. Zuerst wird daher beim **Domain-Name-System (DNS)** die zum Domain-Namen passende numerische IP-Adresse angefordert. Das DNS besteht aus weltweit über das Netz verteilten Nameservern, die die Domain-Eingabe des Benutzers wie etwa www.schule.bayern.de in die numerische IP-Adresse umwandeln.

Da trotz einer ungeheuer großen Zahl von Adressierungsmöglichkeiten der bislang durchgeführten Art durch eine eindeutige Zahlenkombination der Vorrat an noch freien Adressen im Internet knapp geworden ist, steht die Erweiterung der Adressierungsmöglichkeiten durch neue Zahlenkombinationen bereits unmittelbar bevor.

Wird das gewünschte Dokument oft verlangt, kann es sein, dass der Provider bereits eine Kopie davon besitzt, die er sofort anbieten kann. Findet der Provider das angeforderte Dokument nicht in seinem Speicher, muss er erst bei dem Rechner, auf dem die Datei abgelegt ist, eine Kopie anfordern. Den besten Weg für die Anforderung der Nachricht und den Transport der Kopie des gewünschten Dokuments suchen so genannte Vermittlungsrechner (**Router** (engl.): Umleiter, Wegweiser), die miteinander über Datenleitungen oder Funkverbindungen kommunizieren. Jeder Computer, der Dokumente aus dem Internet abrufen soll, muss mit mindestens einem solchen Router verbunden sein.

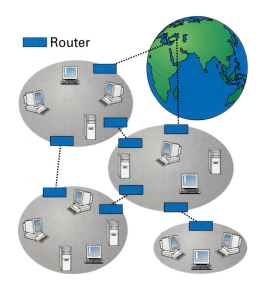

Die Kommunikation unter vernetzten Computern läuft über so genannte Protokolle ab. Darunter versteht man alle für die Kommunikation zwischen elektronischen Geräten notwendigen Vereinbarungen und Konventionen, auf welche Art und Weise Daten übertragen werden. Protokolle haben besonders bei vernetzten Computern große Bedeutung, da erst durch sie ein Datenaustausch zwischen den Rechnern möglich wird. Die wichtigsten werden hier genannt.

Netzwerke, die über ein **TCP/IP** (**T**ransfer **C**ontrol **P**rotocol/**I**nternet **P**rotocol) arbeiten, wie beispielsweise das Internet, führen eine Identifizierung jedes angeschlossenen Rechners über die zugeordnete numerische Adresse durch. Jeder Rechner, der sich über einen Provider ins Internet einwählt, wird anhand seiner numerischen Adresse identifiziert.

Mit Hilfe des http (**H**yper **T**ext **T**ransfer **P**rotocol) werden alle Hypertextdokumente im Internet übertragen. Https (**H**yper **T**ext **T**ransfer **P**rotocol **S**ecure) dient zur sicheren Datenübertragung, z. B. bei Online-Bankgeschäften oder Web-Mail. Mit dem Protokoll **ftp** (**F**ile **T**ransfer **P**rotocol) werden Dateien von einem Rechner auf einen anderen kopiert. Meist benutzt man diese Technik, um Software von einem Rechner im Internet auf die eigene Festplatte oder Dateien mit Hypertextdokumenten auf Internetserver zu kopieren.

**1**
Welche Aufgaben erfüllt ein Webserver?

**2**
Nenne die Aufgaben eines Routers.

# Lesetext: Suchen im Internet

Das WWW erscheint als eine unerschöpfliche Wissensquelle! Stimmt das wirklich? Und wie kommt man an eine gewünschte Information? Hypertextdokumente werden mit einem Softwarewerkzeug, dem Browser betrachtet. Natürlich muss zuvor jemand die Seite, die angefordert wird, ins Internet gestellt haben. Man findet also nur Informationen, die andere geschrieben und auf einem Server abgelegt haben. Kennt man den URL (siehe Seite 62) der Datei, in der das gewünschte Dokument gespeichert ist, so kann man ihn in der Adresszeile des Browsers eingeben und das Dokument anzeigen lassen. Aber wie findet man Dokumente, deren URL man nicht kennt?

*Alexander der Große*

Nehmen wir an, du suchst für ein Geschichtsreferat Informationen über Alexander den Großen. Um nützliche Dokumente dazu zu finden (deren URLs dir ja zunächst nicht bekannt sind), gibt es im Internet kostenlose Suchdienste, mit denen das WWW nach Stichworten durchsucht werden kann. Man unterscheidet drei Typen solcher Suchprogramme:
– Suchmaschinen (Suchindices, Spider oder Crawler),
– Meta-Suchmaschinen (übergeordnete Suchmaschinen; Anfragen werden an mehrere Suchmaschinen geschickt),
– Spezialsuchmaschinen für besondere Zwecke.

Zur Bedienung der Suchdienste gibt man in einem speziellen Formular passende Suchworte ein. In unserem Beispiel etwa „Alexander", „der" und „Große". Wahrscheinlich zeigt der Dienst daraufhin mehrere hunderttausend URLs (Treffer) an. So viele Dokumente kann aber niemand durchlesen! Wir brauchen also eine bessere Suchstrategie. Dazu soll zunächst erklärt werden, wie eine Suchmaschine prinzipiell arbeitet. Ihre wichtigsten Komponenten sind (siehe Fig. 1):

– Suchhilfe: Sie ermöglicht es dem Benutzer, eine Anfrage an das Suchsystem zu stellen und beantwortet diese auch wieder.
– Stichwortindex: Das ist im Prinzip eine riesige Datenbank, die zu sehr vielen Stichwörtern jeweils die Adresse von Dokumenten enthält, die relevante Informationen dazu liefern könnten. Wenn eine Suchanfrage gestellt wird, werden die angefragten Stichwörter geeignet verknüpft und die dazu eingetragenen Adressen zurückgeliefert.
– Roboter: Darunter versteht man ein vollautomatisches Programm, welches das WWW ständig nach Informationen durchforstet. Dazu startet es an irgendeiner Webseite und „hangelt" sich dann entlang der davon ausgehenden Verweise auf andere Seiten weiter, um von dort wiederum weiteren Links zu folgen. Natürlich muss es seinen „Weg" mitprotokollieren, um nicht in einen endlosen Kreislauf zu geraten. Unterwegs werden die besuchten Dokumente ausgewertet und gegebenenfalls zu passenden Stichwörtern im Index eingetragen. Zu einer Suchmaschine gehören normalerweise sehr viele Roboter.

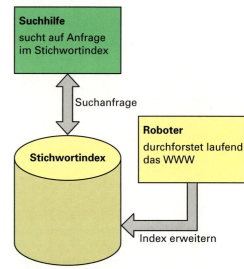

Fig. 1

Wie kann ein Roboter aber feststellen, welche Dokumente zu welchen Stichwörtern passen? Dazu werden viele verschiedene Informationen kombiniert. Die größte Rolle spielen hierbei mittlerweile die Verweise: Wenn viele Dokumente zu einem bestimmten Stichwort auf ein anderes Dokument verweisen, dann ist letzteres vermutlich sehr relevant hinsichtlich dieses Stichwortes. Zusätzlich werden die Texte der Dokumente nach Schlagwörtern durchsucht. Dabei ist z. B. wichtig, wie oft ein Schlagwort in einem Dokument vorkommt und wie viele Wörter zwischen diesen Vorkommen im Text liegen.

Zum Teil können Adressen aber auch von den Anbietern der Dokumente selbst in den Index eingetragen werden (Suchmaschinenanmeldung). Dazu gibt es spezielle Programme, die eine Hypertextseite automatisch bei tausenden von Suchmaschinen registrieren können.

Als Ergebnis einer Anfrage an eine Suchmaschine erhält man leider oft eine riesige Anzahl von Verweisen, die man niemals alle durchsehen könnte. Durch geschickte Anwendung einer Suchmaschine kann man diese Informationsfülle oft stark reduzieren. So erlauben es viele Suchmaschinen, zusammengehörige Begriffe wie „Alexander der Große" in Anführungsstriche zu setzen. Dann findet man nur noch URLs von Dokumenten, die diese drei Wörter genau so aufeinander folgend enthalten. So werden beispielsweise Treffer zu anderen Trägern des Vornamens „Alexander" ausgeschlossen. Zudem könntest du dir noch ein seltenes Stichwort überlegen, das im gesuchten Dokument enthalten sein sollte. Alexander der Große zum Beispiel befreite von Mazedonien aus weite Teile Griechenlands vom Joch persischer Knechtschaft. Verwendet man das Stichwort Mazedonien zusätzlich in der Suchanfrage, so reduzieren sich die Treffer eventuell auf einige hundert.
Bei vielen Suchmaschinen ist es möglich, einen bestimmten Begriff auszuschließen, indem man direkt vor ihn ein Minuszeichen setzt. So liefert z. B. die Eingabe *München Fußball –"FC Bayern"* Ergebnisse über Fußball und München, in denen es aber nicht um den FC Bayern geht.

Wenn man trotz sorgfältiger Suche noch eine Vielzahl von Ergebnissen erhält, so spielt die Reihenfolge, nach der die „Treffer" angezeigt werden, eine große Rolle. Die Kriterien dafür (Rangierungsprinzipien) werden ähnlich behandelt wie die Rezepte berühmter Köche, nämlich streng geheim! Meist werden Ergebnisse als besonders relevant eingestuft, wenn auf das Dokument oft von außen unter diesem Stichwort verwiesen wird, wenn der entsprechende Suchbegriff z. B. im Titel oder innerhalb einer Überschrift vorkommt. Für Suchanfragen, die zwei oder mehr Worte enthalten, etwa „Alexander Biographie", ist es wichtig, dass beide Suchbegriffe möglichst nah im Text bzw. im Titel beieinander stehen. Weniger Bedeutung für die Rangierung haben inzwischen die Stichwörter, die man selbst im Kopf eines Hypertextdokumentes angeben kann, da damit sehr häufig Missbrauch getrieben wird: Um zweifelhafte Seiten zu verbreiten, tragen die Anbieter eine Unzahl von Stichwörtern ein, die oft rein gar nichts mit dem tatsächlichen Inhalt zu tun haben.

Will man sich einen Überblick über einen bestimmten eingegrenzten Themenbereich verschaffen, so verwendet man besser so genannte **Kataloge** (Inhaltsverzeichnisse des WWW, WWW-Suchbäume), die zu einem bestimmten Thema eine geordnete Sammlung von interessanten Verweisen enthalten. Kataloge werden von Menschen (also nicht automatisch) angelegt, aktualisiert und bewertet. Sie enthalten aber auch eine große Anzahl von Verweisen mit meist höherer Qualität (Treffsicherheit) der Dokumente als bei Suchmaschinen.

Für spezielle Zwecke wie etwa Nachrichten oder Suche nach Musikstücken sind zudem sehr oft Spezialsuchmaschinen besser geeignet als normale Suchdienste.

# V Automatisierung

## Einführung

Wieder hatte Lisa lange vor ihrem Computer gesessen, den halben Nachmittag über. Eine lange E-Mail von Antonia hatte sie mit den neuesten Nachrichten über die Leute in ihrer alten Klasse versorgt. Als Lisa sie anrufen wollte, war aber nur Antonias Mutter am Telefon gewesen. Also hatte sie sich hingesetzt und die Mail beantwortet.

Danach hatte sie die Idee, mit Elena ins Kino zu gehen. Aber offensichtlich waren an diesem Nachmittag nur Mütter zu Hause. „Elena ist leider nicht da", hatte Frau Heiser ihr erklärt, „Jakobs Klasse macht heute eine Besichtigung im Automobilwerk und da hat er Elena mitgenommen. Sie interessiert sich ja so für diese technischen Dinge. Komisch, dass sie dir davon gar nichts erzählt hat." Aber das stimmte gar nicht, Elena hatte ihr davon erzählt, aber das war einige Tage her und Lisa hatte es vergessen.

Am frühen Abend klingelte es dann bei Lisa. „Hallo Lisa", es war Elena, die vor der Tür stand, „meine Mutter lässt fragen, ob du Lust hast, zum Abendessen zu uns zu kommen." Lisa war noch alleine zu Hause, ihre Eltern waren mit Frieder, ihrem kleinen Bruder, zum Baden gefahren und würden, weil es Freitag war, erst etwas später nach Hause kommen. Da war eine solche Einladung zum Abendessen eine gute Idee.

„Und wie war es so im Autowerk?", fragte Lisa, als sie dann zu viert am großen und gemütlichen Tisch in Heisers Küche saßen. „Na ja, es war ganz interessant", sagte Jakob, klang aber dabei reichlich gleichgültig. Elena sah ihn von der Seite an: „Nun spiel hier mal nicht den Coolen, es hat dir schon ziemlich gut gefallen, das kannst du ruhig zugeben!" Lisa war immer wieder verblüfft, wenn sie die beiden Geschwister

Einführung

zusammen erlebte. Obwohl Jakob doch beinahe drei Jahre älter war, ließ er sich von Elena ziemlich viel sagen. Und einen richtig bösen Streit zwischen den beiden hatte sie eigentlich noch nie erlebt. Sie neckten sich nur dauernd. Alles war viel friedlicher als zwischen ihr und Frieder. Aber der war ja auch erst 9 und vielleicht war das ja das wirklich schwierige Alter für Jungs.

„Und wie hat es dir gefallen?", erkundigte sich jetzt Lisa bei Elena. „Ich fand es ganz schön interessant", Elena überlegte kurz, „ich glaube, am spannendsten fand ich, wie viele Arbeiten dort von Robotern übernommen werden." Lisa lachte: „Roboter? Du meinst solche blinkenden kleinen Maschinen, die aussehen wie Schneemänner auf Rollen und die mit bunten Knöpfchen leuchten, wenn sie zwinkern wollen?" Jakob grinste, ihm gefiel der Vergleich, weil er ihn offensichtlich an einen Film erinnerte. Elena lächelte zwar auch, antwortete aber gewohnt ernsthaft. „Nein, die fahren da überhaupt nicht durch die Gegend. Die sehen auch ganz unscheinbar aus, es sind halt Maschinen, die ganz bestimmte Arbeitsgänge erledigen. Die Leute dort haben uns erklärt, dass vieles inzwischen vollautomatisch funktioniert." Mittlerweile kannten sich Elena und Lisa wirklich sehr gut. Kaum hatte Elena Lisas fragenden Blick gesehen, schon setzte sie zu einer weiteren Erklärung an: „Es ist so, da gibt es zum Beispiel merkwürdig aussehende Blechgestelle, die an alles Mögliche erinnern, nur nicht an Autos. Aber dann wandern die an Maschinen mit Greifarmen vorbei. Die Greifarme fügen mit unglaublicher Geschwindigkeit andere Blechteile an und plötzlich kann man die Umrisse eines Autos erkennen. Das Ganze geht irrsinnig schnell. Das könnten Menschen gar nicht so schnell machen – und außerdem wäre es eh viel zu schwer."
Jetzt mischte sich Jakob ein, der die ganze Zeit aufmerksam zugehört und die beiden Mädchen beobachtet hatte: „So stimmt das aber nicht. Natürlich können Menschen das auch. Sie haben das früher ja auch machen müssen. Es sind ja schon Autos gebaut worden, als es noch überhaupt keine Roboter gab. Hast du nicht mitgekriegt", jetzt wandte er sich direkt an Elena, „wie der Mann vom Autowerk, der uns durch die Halle geführt hat, von früher erzählt hat? Als er in der Lehre war, wurde das meiste noch von

Als ich in der Lehre war, wurde das meiste noch von Hand gemacht!

75

Einführung

Hand gemacht. Am Anfang haben die Arbeiter sich wohl sogar noch gewehrt, als sie von den Robotern abgelöst werden sollten. Aber heute, meinte er, würde wirklich alles schneller gehen."

„Und wozu braucht man dann eigentlich noch Menschen in so einer Fabrik, wenn die Roboter doch die ganze Arbeit übernehmen?" So wie diese Frage klang, schien Frau Heiser die ganze Automatisierung ein bisschen unheimlich zu sein. „So schlimm ist das nicht, keine Panik", erklärte Jakob seiner Mutter, „diese Roboter übernehmen zwar die meiste Arbeit, aber ohne Menschen funktioniert natürlich trotzdem nichts." Frau Heiser war offensichtlich noch nicht so recht überzeugt: „Hm. Aber was machen denn nun die Leute in der Fabrik, wenn nicht die Arbeit?" Jakob wollte antworten, aber Lisa kam ihm mit einer Idee dazwischen: „Wahrscheinlich sitzen sie daneben und gucken zu. Und wenn alles fertig ist, dann fahren sie mit schönen neuen Autos aus der Halle." Jakob grinste, Frau Heiser schüttelte lächelnd den Kopf und Elena sagte in gespielt ernsthaftem Ton:

„Nicht schlecht, Frau Röhner, man könnte meinen, du wärst dabei gewesen. Es stimmt nämlich sogar fast. Es sind wirklich überall Leute da zum Aufpassen. So ein Roboter nimmt ihnen zwar die Arbeit ab, aber er kann auch nur das, was man ihm beigebracht hat. Und wenn mal was schief läuft, dann sind die Maschinen mit ihrem Latein am Ende und es müssen doch wieder die Menschen ran." Jakob ergänzte: „Und außerdem sind es auch Menschen, die die Roboter programmieren und ihnen beibringen, was sie tun müssen." Elena nickte und weil ihre Mutter und Lisa ganz verständnislos guckten, erklärte sie: „Programmierer, das sind die Leute, die am Computer alle Befehle für die Roboter eingeben. Da wird ganz genau, Schritt für Schritt aufgeschrieben, was der Roboter tun soll." Lisa war noch nicht ganz klar, wie das gehen sollte: „Was heißt aufschreiben? Ich meine, wie versteht das denn der Computer? Er wird sich doch wohl nicht mit dem Programmierer unterhalten, oder?" Jakob und Elena setzten beide gleichzeitig zu einer Antwort an – man konnte sehen, wie viel Spaß den beiden das Thema machte. Der

Einführung

Besuch im Autowerk schien sie wirklich beeindruckt zu haben. Elena war einen Tick schneller: „Nein, natürlich reden die nicht so miteinander wie wir jetzt. Für so etwas gibt es eigene Sprachen, in denen die Anweisungen an die Roboter formuliert werden. Spezielle Computerprogramme übersetzen dann die Befehle in elektrische Impulse, die der Roboter versteht." Und natürlich hatte Jakob dazu noch eine Ergänzung: „Im Prinzip kann man die Programme, die du benutzt, mit Robotern vergleichen. Wenn du zum Beispiel", fuhr er fort, „in deinem Textverarbeitungsprogramm ein Wort automatisch durch ein anderes ersetzen lässt, dann arbeitet das Programm für dich. Damit das funktioniert, haben die Programmierer vorher in einer speziellen Sprache aufgeschrieben, was dabei im Einzelnen passieren muss. Und so, wie du die Wörter bestimmen kannst, die getauscht werden sollen, kann man zum Beispiel den Lackierrobotern die gewünschte Lackfarbe und den Autotyp, der lackiert werden muss, mitteilen ..."

So saßen sie um den Tisch: Elena und Jakob waren jetzt richtig in Fahrt und redeten immer weiter. Lisa und Frau Heiser aber blinzelten sich über den Tisch hinweg zu und ließen die beiden reden. Es war Elena, die schließlich bemerkte, dass nur noch ihr Bruder ihr zuhörte. Für einen Moment wurde es still am Tisch. „Langweilen wir euch?", wollte dann Jakob wissen, der die Situation jetzt auch bemerkt hatte. „Nö", sagten da Frau Heiser und Lisa rasch wie aus einem Mund, aber Elena und Jakob sahen nicht sehr überzeugt aus.

Als Lisa sich an diesem Abend verabschiedete, blieb Elena für einen Moment im Flur stehen. Bevor Lisa die Tür öffnete, fragte sie: „Findest du das eigentlich sehr blöd, wenn ich so viel über Computer und so Sachen rede? Ich rede immer und weiß eigentlich gar nicht, ob dich das wirklich interessiert." Lisa schaute Elena an, dann antwortete sie in scherzhaftem Ton: „Ach weißt du, Elena Heiser, du bist schon eine Neunmalkluge." Sie machte eine Pause und Elena sah mit einem Mal ziemlich traurig aus. „Aber weißt du, es ist so", fuhr Lisa dann fort, „heute Nachmittag wollte Antonias Mutter am Telefon wissen, wie es mir denn geht. Ich habe ihr gesagt, ich finde München inzwischen ziemlich gut. Und ich habe ihr erzählt, dass ich jetzt auch eine Freundin hier habe, eine Computerspezialistin."

Meine Freundin – eine Computerspezialistin!

77

# 1 Schritt für Schritt

**1** 👥
Falte aus Papier ein Flugzeug, ein Schiff, eine Blume oder was dir sonst einfällt und beschreibe den Vorgang in einem Textdokument. Tausche die Beschreibung mit einem Mitschüler oder einer Mitschülerin, zeige aber dein Modell noch nicht her.
Versucht nun beide, das Modell eures Tauschpartners nur nach der dazugehörigen Beschreibung zu falten und vergleicht die Ergebnisse mit den ursprünglichen Modellen.

Karl ist ein Roboter, der sich in einem Raum mit rechteckiger Grundfläche bewegt. Dort kann er Ziegel hinlegen und wieder aufheben. Der Boden ist in Felder eingeteilt, in die jeweils genau ein Ziegel passt. Felder und Ziegel können farbig markiert werden. Karls Schritte reichen gerade von einem Feld zum nächsten. In diesem Raum soll sich Karl nützlich machen. Allerdings hat er vorerst nur die folgenden Methoden:

| | |
|---|---|
| `VorwärtsGehen` | Karl geht einen Schritt vor und klettert ggf. auf einen vor ihm liegenden Ziegel. |
| `LinksDrehen` | Karl dreht sich um 90° gegen den Uhrzeigersinn. |
| `RechtsDrehen` | Karl dreht sich um 90° im Uhrzeigersinn. |
| `ZiegelHinlegen` | Karl legt einen Ziegel vor sich hin. |
| `ZiegelAufheben` | Karl hebt einen vor ihm liegenden Ziegel auf. |
| `MarkeSetzen` | Karl markiert das Feld bzw. den Ziegel, auf dem er gerade steht. |
| `MarkeLöschen` | Karl entfernt eine Markierung, auf der er gerade steht. |

Sendet man Karl einen Methodenaufruf, so führt er die dazugehörige Methode aus, falls dies möglich ist. Lautet die Botschaft zum Beispiel `VorwärtsGehen()`, so geht Karl einen Schritt weiter, wenn er nicht gerade vor einem unüberwindlichen Hindernis (z.B. einer Wand) steht. Auf die Angabe eines Objekts kann man dabei verzichten, weil es sich immer nur um Karls Methoden handeln kann. Ein Methodenaufruf ist eine besondere **Anweisung**. In den folgenden Abschnitten werden noch weitere Arten von Anweisungen erklärt.

Karl kann auch aufwändigere Tätigkeiten ausführen. Dazu muss man ihm, wie jeder anderen Maschine auch, in einer für ihn verständlichen Form genau beschreiben, welche Methoden in welcher Reihenfolge und unter welchen Bedingungen auszuführen sind. Dafür gibt es eine eigene Sprache, für die genau festgelegt ist, welche Formulierungen verwendet werden dürfen und was diese genau bedeuten (vgl. Lesetext „Informatik und Sprache", Seite 42). Diese erlaubten Formulierungen sind so festgelegt, dass sie für Menschen, die mit Karl arbeiten, verständlich sind und werden durch ein Softwarewerkzeug automatisch in eine auf Karl angepasste Botschaft aus Bits (vgl. Thema „Grafische Datenformate", Seite 26) übersetzt. Karl kann ja auch mit der Zeichenfolge `VorwärtsGehen()` nichts anfangen.

Auch die Entwickler von Softwarewerkzeugen müssen den darin auftretenden Objekten in einer geeigneten Sprache beschreiben, was bei der Ausführung ihrer Methoden genau geschehen soll. Ein Grafikobjekt muss z. B. beim Verschieben für jedes seiner Pixel den neuen Ort berechnen. Der Bildpunkt am neuen Ort muss jeweils die Farbe des Ausgangspixels erhalten, falls das Objekt dort nicht von einem anderen verdeckt wird. Schließlich muss noch am alten Ort die richtige Farbe (Hintergrund bzw. bisher verdecktes Objekt) gesetzt werden.

Will man einem Menschen einen komplizierteren Vorgang (die Zubereitung einer Speise, die Bedienung eines Geräts, …) beschreiben, dann sagt man ihm üblicherweise auch, was er im Einzelnen nacheinander tun muss. Die Formulierung der Einzelschritte muss dabei eindeutig und nachvollziehbar sein.

Eine solche endliche Folge aus elementaren, eindeutigen und ausführbaren Anweisungen heißt ein **Algorithmus**.

Zu jeder Methode eines Objektes gibt es einen Algorithmus, der sie beschreibt. Dazu ein Beispiel: Karl hat bis jetzt noch keine Methode, um einen Schritt rückwärts zu gehen. Mit einigen aufeinander folgenden Methodenaufrufen erhält man aber dasselbe Resultat:

```
LinksDrehen()
LinksDrehen()
VorwärtsGehen()
LinksDrehen()
LinksDrehen()
```

Eine Folge von Anweisungen, die in der angegebenen Reihenfolge nacheinander ausgeführt werden sollen, heißt **Sequenz**. Eine einzelne Anweisung ist ein Spezialfall einer Sequenz. Später werden auch „leere Sequenzen" auftreten. Sie enthalten überhaupt keine Anweisung.

Mit Hilfe einer Sequenz kann man nun für den Schritt zurück eine neue Methode beschreiben:

```
Methode ZurückGehen
    LinksDrehen()
    LinksDrehen()
    VorwärtsGehen()
    LinksDrehen()
    LinksDrehen()
Ende
```

- Schlüsselwort (festgelegt)
- Bezeichner (frei wählbar, aber eindeutig)
- Sequenz zwischen Bezeichner und Ende
- Schlüsselwort (festgelegt)

Die Schlüsselwörter `Methode` und `Ende` rahmen zusammen mit dem Bezeichner die Sequenz ein. In vielen anderen Programmiersprachen verzichtet man übrigens auf die Klammern, wenn der Methode keine weiteren Informationen übergeben werden müssen.

Jetzt hat Karl die neue Methode `ZurückGehen`, die man mit `ZurückGehen()` aufrufen kann. In den nächsten Kapiteln wird die folgende nützliche Methode öfter verwendet:

```
Methode Umkehren
    LinksDrehen()
    LinksDrehen()
Ende
```

*Die fett dargestellten Ausdrücke dürfen nicht verändert werden. Die kursiven Elemente müssen der Aufgabenstellung entsprechend formuliert werden.*

Das **allgemeine Schema** für jede Methodenbeschreibung in Karls Sprache lautet:

**Methode** *Bezeichner*
    *Sequenz*
**Ende**

**Aufgaben**

**2**

Schreibe auf, welche Schritte während eines Telefongesprächs nacheinander auszuführen sind. Beginne deine Beschreibung mit `Algorithmus TelefongesprächFühren` und schließe sie mit `Ende` ab. Anweisungen kannst du wie folgt formulieren: `hebe den Hörer ab`. Damit die Beschreibung nicht zu kompliziert wird, kannst du davon ausgehen, dass sich nach einiger Zeit sicher ein „Gesprächspartner" (notfalls der Anrufbeantworter) meldet.

**3**

Beschreibe mit den Vorgaben von Aufgabe 2 einen Algorithmus zum Überspielen eines bestimmten Liedes von einer Musik-CD auf Kassette.

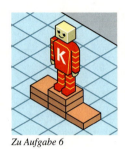

*Zu Aufgabe 6*

**4**

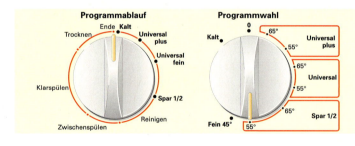

Die verfügbaren Programme einer Wasch- oder Spülmaschine (z. B. `SPAR 1/2`) kann man als kompliziertere Methoden betrachten, zu deren Abarbeitung die Maschine nacheinander einfachere Methoden wie `WasserAbpumpen`, `WasserEinfüllen`, `Klarspülen` usw. verwendet.
Beobachte den Ablauf eines Wasch- oder Spülprogramms und beschreibe die dazugehörige Methode ähnlich wie in Karls Sprache.
Und wenn du im Haushalt mithelfen möchtest, räumst du am Ende die Maschine aus.

**5**

Beschreibe eine Methode `SpringerzugAusführen`, sodass sich Karl wie ein Springer beim Schachspiel zum Beispiel zwei Felder vorwärts und ein Feld nach rechts bewegt und anschließend wieder in die ursprüngliche Richtung schaut.

**6**

Beschreibe eine Methode `PodestBauen`, sodass Karl auf Anforderung ein Siegerpodest für Sportwettkämpfe (s. Abbildung links) aufbaut. Gehe davon aus, dass Karl beim Klettern nicht mehr als eine Ziegelhöhe auf einmal überwinden kann und Ziegel nicht tiefer als eine Ziegelhöhe nach unten wirft.

**7**

Karl soll lernen, seinen Namen zu schreiben. Damit später auch andere Wörter geschrieben werden können, soll er für jeden Buchstaben eine eigene Methode `KSchreiben`, `ASchreiben` usw. erhalten. Am Ende soll Karl jeweils unten rechts neben dem gerade geschriebenen Buchstaben stehen. Verwende diese Methoden zur Beschreibung der neuen Methode `KarlSchreiben`.

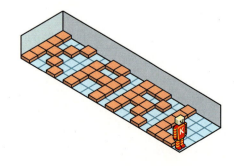

Lasse Karl auch noch andere Wörter – z. B. deinen Namen – schreiben.

# 2 Wiederholungen

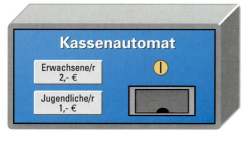

**1**
Der Eintritt ins Freibad kostet für Erwachsene 2 € und für Kinder und Jugendliche 1 €. Die Eintrittskarten löst man an diesem einfachen Automaten. Beschreibe mit deinen Worten, was am Automat nacheinander zu tun ist, wenn die ganze Familie (Vater, Mutter und 2 Kinder) ins Freibad will.

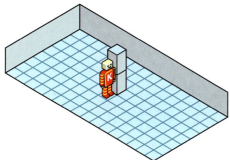 

Karl soll jetzt einen Rand aus Ziegeln um die Säule herum legen. Dazu muss die Sequenz

```
ZiegelHinlegen()
VorwärtsGehen()
LinksDrehen()
ZiegelHinlegen()
VorwärtsGehen()
```

genau viermal abgearbeitet werden. Man kann dafür vereinfacht schreiben:

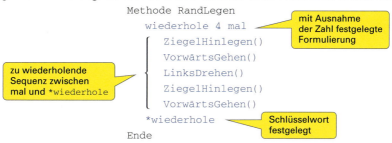

Soll ein und dieselbe Sequenz mehrfach abgearbeitet werden, wobei die Anzahl der Durchläufe von Anfang an feststeht, so verwendet man zur Beschreibung eine **Wiederholung mit fester Anzahl**.

Das allgemeine Schema einer Wiederholung mit fester Anzahl lautet in Karls Sprache:

```
wiederhole x mal
    Sequenz
*wiederhole
```

Eine Wiederholung mit fester Anzahl ist – als Einheit betrachtet – eine einzelne Anweisung.

# Wiederholungen

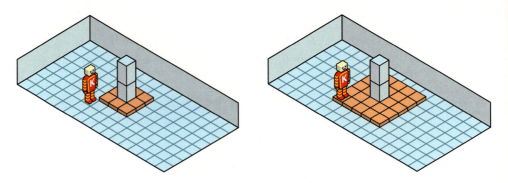

Eine zu wiederholende Sequenz kann weitere Wiederholungen enthalten. Soll Karl z. B. den Rand um die Säule wie dargestellt verbreitern, dann lautet eine mögliche Beschreibung:

```
Methode RandVerbreitern
    wiederhole 4 mal
        wiederhole 4 mal
            ZiegelHinlegen()
            VorwärtsGehen()
        *wiederhole
        LinksDrehen()
    *wiederhole
Ende
```

Bei der Wiederholung mit fester Anzahl muss die Zahl der Durchläufe von Anfang an feststehen. Wenn man aber z. B. eine Methode beschreiben möchte, mit der Karl eine beliebig lange Ziegelreihe vollständig abbaut, ist dies nicht der Fall. Vielmehr muss Karl jedes Mal selbst entscheiden, ob er die Wiederholung schon beenden darf. Dazu kann er überprüfen, ob in seiner Umgebung gewisse **Bedingungen** erfüllt sind. Zum Beispiel kennt Karl die Bedingung

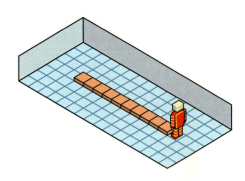

VorZiegel. Sie ist erfüllt, wenn das Feld unmittelbar vor ihm mit einem oder mehreren Ziegeln belegt ist, und sie ist nicht erfüllt, wenn auf diesem Feld kein Ziegel liegt. Damit ist die gestellte Aufgabe lösbar:

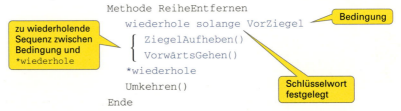

```
Methode ReiheEntfernen
    wiederhole solange VorZiegel        ← Bedingung
        ZiegelAufheben()
        VorwärtsGehen()
    *wiederhole
    Umkehren()                          ← Schlüsselwort festgelegt
Ende
```

(zu wiederholende Sequenz zwischen Bedingung und *wiederhole)

Nach dem Aufruf dieser Methode wird als erstes geprüft, ob die Bedingung VorZiegel erfüllt ist. Ist das der Fall, wird die zu wiederholende Sequenz abgearbeitet und die Bedingung erneut geprüft. Ist sie immer noch erfüllt, erfolgt ein weiterer Durchlauf mit anschließender erneuter Prüfung. Ist sie nicht mehr erfüllt, wird mit der auf *wiederhole folgenden Anweisung weitergearbeitet.

# Wiederholungen

Steht bei einer Wiederholung die Anzahl der Durchläufe nicht von Anfang an fest, so verwendet man zur Beschreibung eine **bedingte Wiederholung**. Dabei kann es vorkommen, dass die Bedingung schon bei der ersten Prüfung nicht erfüllt ist. Dann wird die eigentlich zu wiederholende Sequenz überhaupt nicht abgearbeitet. Es ist auch möglich, dass die Bedingung immer erfüllt ist. Dann endet die Wiederholung zumindest theoretisch nie.

Das allgemeine Schema einer bedingten Wiederholung lautet in Karls Sprache:

```
wiederhole solange Bedingung
    Sequenz
*wiederhole
```

In der zu wiederholenden Sequenz können weitere Wiederholungen (bedingte oder mit fester Anzahl) enthalten sein. Eine bedingte Wiederholung ist – als Einheit betrachtet – eine einzelne Anweisung.

Karl kennt noch zwei andere Bedingungen:

VorWand          Karl steht unmittelbar vor einer Wand.
AufMarke         Das Feld oder der Ziegel, auf dem Karl steht, ist markiert.

Jede Bedingung kann durch ein vorangestelltes `nicht` in ihr Gegenteil umgewandelt werden. Die neue Bedingung `nicht VorZiegel` ist z. B. erfüllt, wenn `VorZiegel` nicht erfüllt ist. Ist dagegen `VorZiegel` erfüllt, dann ist `nicht VorZiegel` nicht erfüllt.

Mit dem bisher Gelernten lassen sich nicht nur Karls Methoden beschreiben. Auch für andere schematische Vorgänge wie das Sortieren eines Kartenspiels kann man so Algorithmen beschreiben. Dabei wird vorausgesetzt, dass man für zwei beliebige Karten immer eindeutig entscheiden kann, welche von beiden vor die andere einsortiert gehört. Beschrieben wird das so genannte „direkte Einfügen", bei dem die Karten einzeln aus einem Haufen entnommen werden und mit ihnen ein sortierter Stapel aufgebaut wird:

```
Algorithmus DirektesEinfügen
    nimm eine Karte vom Haufen
    beginne mit ihr den Stapel
    wiederhole solange eine Karte im Haufen ist
        nimm eine Karte vom Haufen
        wiederhole solange eine oberste Stapelkarte
                vorhanden ist und vor die
                Karte in der Hand gehört
            klappe die oberste Karte vom Stapel weg
        *wiederhole
        lege die Karte in der Hand auf den Stapel
        wiederhole solange eine Karte umgeklappt ist
            klappe eine Karte auf den Stapel zurück
        *wiederhole
    *wiederhole
Ende
```

**Aufgaben**

**2**
Beschreibe eine Methode `TurmBauen`, sodass Karl einen zehn Lagen hohen, quaderförmigen Turm mit einer quadratischen Grundfläche von vier Ziegeln aufbaut.

**3**
Beschreibe eine Methode `ReiheEntlang`, mit der Karl links an einer vor ihm aufgebauten geraden Ziegelreihe beliebiger Länge entlang läuft und an ihrem Ende anhält.

## 4
Beschreibe die Bestimmung des Zusammenhangs zwischen Stromstärke und Spannung (0 V, 0,5 V, … 10 V) an einem Widerstand durch einen umgangssprachlichen Algorithmus.

## 5
Karl soll auf dem Boden ein Schachbrettmuster aufbauen. Dazu soll er für ein schwarzes Feld einen Ziegel hinlegen und für ein weißes Feld eine Lücke stehen lassen.

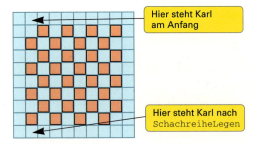

a) Beschreibe eine Methode `Schachreihe-Legen`, sodass Karl eine Reihe des Schachbretts mit einem weißen Feld beginnend aufbaut und am Ende hinter dem letzten Ziegel steht.
b) Beschreibe mit Hilfe von `Schachreihe-Legen` die verlangte neue Methode `SchachbrettBauen`. Verwende dazu möglichst viele Wiederholungen.
c) Warum ist bei dieser Aufgabenstellung die Wiederholung mit fester Anzahl die geeignete Wiederholungsart? Warum ist es nicht möglich, Aufgabe b) ganz einfach mit `wiederhole 8 mal` zu lösen?

## 6
Beschreibe wie im Beispiel `DirektesEinfügen` (Seite 83)
a) das Wählen einer Telefonnummer, die du gerade im Telefonbuch gefunden hast,
b) die Eingabe der vierstelligen PIN (zur Aktivierung eines Handys oder einer Kontokarte), die du unvorsichtigerweise auf einem Zettel notiert hast,
als Algorithmus. Überlege genau, welche Art von Wiederholung jeweils geeignet ist und begründe deine Wahl.

## 7
Bestimmte Spielzeugfahrzeuge weichen einem Hindernis, gegen das sie stoßen, nach einer Seite aus und fahren dann weiter. Karl soll sich so ähnlich verhalten.

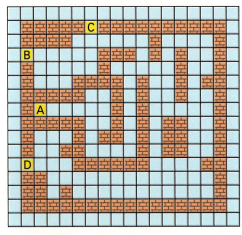

a) Beschreibe eine Methode `AusgangSuchen`, sodass Karl sich nötigenfalls nach links dreht, bis sich vor ihm keine Wand mehr befindet, dann einen Schritt vorwärts geht und diesen Ablauf wiederholt, bis er ein gelb markiertes Feld erreicht.
b) Zeichne das Labyrinth mit einem Grafikprogramm ab. Karl befindet sich auf Feld A und schaut nach rechts. Zeichne seinen Weg nach dem Aufruf von `AusgangSuchen`.
c) Kannst du das Labyrinth mit weiteren Mauerelementen so umgestalten, dass Karl den Ausgang B erreicht?
d) Kannst du ein ähnliches Labyrinth (mit wenigstens einem Ausgang) entwerfen, aus dem Karl mit der Methode `AusgangSuchen` nie herausfindet?

## 8
a) Teste den Algorithmus `DirektesEinfügen` aus dem Lehrtext (Seite 83) mit einem geeigneten Kartenspiel aus. Versuche dich dabei möglichst genau an die Formulierung zu halten.
b) Hast du Verbesserungsvorschläge für den Algorithmus?
c) In welchen Fällen erweist sich der Algorithmus als sehr umständlich?

# 3 Entscheidungen

**1**
Am neuen Kassenautomat im Freibad kann man mehrere Karten anfordern und gesammelt bezahlen, indem man zwischen den Anforderungstasten jeweils die „+"-Taste drückt. Hat man versehentlich zu viele oder die falschen Karten angefordert, kann man den Vorgang mit der C-Taste abbrechen. Der Automat akzeptiert Münzen und Scheine und gibt auch Wechselgeld heraus. In der Anzeige neben dem Münzschlitz wird der (noch) zu bezahlende Betrag angezeigt. Beschreibe mit deinen Worten unabhängig von der Anzahl und vom Alter der Personen, wie man für eine Einzelperson oder eine Gruppe gesammelt Karten löst und bezahlt.

Mit Hilfe von Grafikprogrammen kann man Schwarz-Weiß-Bilder automatisch „invertieren", also Schwarz mit Weiß vertauschen. Entsprechend soll Karl die Ziegelreihe vor ihm bearbeiten. Also muss er dort, wo ein Ziegel liegt, diesen aufheben und dort, wo keiner liegt, einen hinlegen. Dazu sind Entscheidungen notwendig. Eine Lösung kann in Karls Sprache etwa so aussehen:

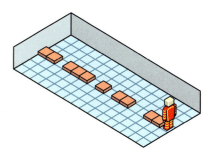

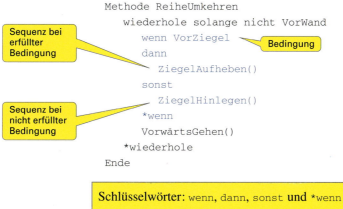

```
Methode ReiheUmkehren
    wiederhole solange nicht VorWand
        wenn VorZiegel
        dann
            ZiegelAufheben()
        sonst
            ZiegelHinlegen()
        *wenn
        VorwärtsGehen()
    *wiederhole
Ende
```

**Schlüsselwörter:** wenn, dann, sonst und *wenn

Die Sequenz nach sonst muss nicht unbedingt Anweisungen enthalten. Beschreibt man z. B. eine Methode ReiheWegräumen, indem man aus obigem Beispiel die Anweisung ZiegelHinlegen() weglässt, dann räumt Karl die Ziegel bis zur Wand hin weg. Wenn die Sequenz zwischen sonst und *wenn leer und die Bedingung nicht erfüllt ist, dann wird gleich mit der auf *wenn folgenden Anweisung weitergearbeitet.

# Entscheidungen

Soll von zwei Sequenzen entweder die eine oder die andere abgearbeitet werden, je nachdem, ob eine Bedingung erfüllt ist oder nicht, so verwendet man zur Beschreibung eine **bedingte Anweisung**.

Das allgemeine Schema einer bedingten Anweisung lautet in Karls Sprache:

```
wenn Bedingung
dann
    Sequenz1
sonst
    Sequenz2
*wenn
```

Sequenz 2 ist eine leere Sequenz, wenn bei nicht erfüllter Bedingung gleich mit der auf die bedingte Anweisung folgenden Anweisung weitergearbeitet werden soll. Eine bedingte Anweisung ist – was ja schon in der Bezeichnung zum Ausdruck kommt – als Einheit betrachtet eine einzelne Anweisung.

Bei einer bedingten Anweisung können die beiden Sequenzen weitere bedingte Anweisungen und auch Wiederholungen enthalten. Umgekehrt dürfen auch bei einer Wiederholung (bedingt oder mit fester Anzahl) bedingte Anweisungen in der zu wiederholenden Sequenz vorkommen. Damit sind zumindest theoretisch beliebig komplizierte Verschachtelungen möglich. In der Praxis stößt natürlich jedes technische System irgendwann einmal an Grenzen. Allerdings werden auch nur sehr selten mehr als zwei oder drei Verschachtelungsebenen benötigt. Mit Hilfe der bisher behandelten Bausteine lassen sich nun alle Algorithmen beschreiben.

**Aufgaben**

**2**
Du sollst den Zusammenhang zwischen angreifender Kraft und Beschleunigung eines Körpers messen. Die Kraft wird von 0 N bis 20 N in Schritten von 1 N erhöht. Der Körper wird auf einer Länge von 1,5 m beschleunigt und seine Momentangeschwindigkeit alle 30 cm gemessen. Leider fallen die dafür verwendeten Lichtschranken öfters aus und zeigen dann $0\,\frac{m}{s}$ an. Beschreibe den Ablauf der Versuchsreihe durch einen Algorithmus in Umgangssprache.

**3**
Eine weitere Möglichkeit, einen Kartenstapel zu sortieren, ist das so genannte „direkte Auswählen": In einem unsortierten Stapel wird jeweils systematisch die Karte herausgesucht, die darin eigentlich ganz nach vorne sortiert gehört. Sie wird herausgenommen und hinten an einen neuen Stapel angefügt. Beschreibe entsprechend dem Algorithmus `DirektesEinfügen` (Seite 83) einen neuen Algorithmus `DirektesAuswählen`.

**4**
*Drei Chinesen mit dem Kontrabass*
*saßen auf der Straße und erzählten sich*
*was.*
*Da kam die Polizei und fragt:*
*„Was ist denn das?"*
*Drei Chinesen mit dem Kontrabass!*
Diese Scherzlied-Strophe wird immer wieder so abgeändert, dass jeder vorkommende Vokal durch einen ganz bestimmten Vokal oder Umlaut ersetzt wird. Beschreibe den dazugehörigen Algorithmus am Beispiel des Buchstabens „ä", durch den alle auftretenden Vokale ersetzt werden sollen. Orientiere dich bei der Formulierung am Algorithmus `DirektesEinfügen` (Seite 83).

**5**
Formuliere die Beschreibung von `TelefongesprächFühren` (Aufgabe 2 auf Seite 80) so um, dass auch auf ein „Belegt"-Zeichen richtig reagiert wird. Verwende für bedingte Anweisungen die Schreibweise aus Karls Sprache.

$M = 1000$
$D = 500$
$C = 100$
$L = 50$
$X = 10$
$V = 5$
$I = 1$

## 6

Man bestimmt den Wert einer Zahl in römischer Schreibweise durch Addition bzw. Subtraktion der Werte der einzelnen Zahlzeichen. Der Wert eines Zeichens wird genau dann subtrahiert, wenn dieses links von einem höherwertigen Zeichen steht. Die Zahl MDCCCXLVII hat zum Beispiel den Wert 1847.
Beschreibe die Berechnung des Wertes einer beliebigen Zahl in römischer Schreibweise. Orientiere dich dabei am Algorithmus `DirektesEinfügen` (Seite 83).

## 7

Karl soll lernen, auf einer geschlossenen Ziegelreihe ohne Sackgassen entlangzulaufen.

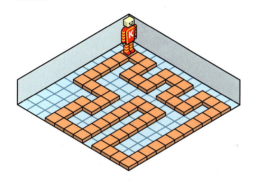

a) Beschreibe eine Methode `BahnFolgen`, mit der Karl das schafft. Überlege dazu, wo sich der nächste Ziegel nur befinden kann, wenn nicht vor Karl. Damit Karl so lange läuft, bis er durch den Nutzer angehalten wird, soll eine bedingte Wiederholung verwendet werden, deren Bedingung am Ende jedes Durchlaufs sicher erfüllt ist.

b) Wie verhält sich Karl, wenn er beim Abarbeiten der Methode `BahnFolgen` auf einer abgeänderten Bahn in eine Sackgasse gerät (vgl. dazu das Bild in der Marginalie)?

c) Für Experten: Ergänze die Beschreibung der Methode `BahnFolgen` so, dass Karl in einer Sackgasse umkehrt. Allerdings soll er dann nicht einfach die ganze Gasse wieder zurücklaufen, sondern die nächstmögliche Abzweigung suchen.

## 8

Beschreibe eine Methode `ReiheFüllen`, sodass Karl die Lücken in einer Ziegelreihe wie der auf Seite 85 dargestellten bis zur Wand hin schließt.

## 9

Du hast sechs gleich große, äußerlich nicht unterscheidbare Münzen vor dir. Zwei davon bestehen aus massivem Gold, zwei haben einen Kern aus Silber und zwei einen aus Kupfer. Die Münzen unterscheiden sich in ihrer Masse: Die goldenen haben die größte, die mit Kupferkern die kleinste Masse. Du hast nur eine Balkenwaage zur Verfügung, mit der du je zwei Münzen vergleichen kannst. Beschreibe das Experiment, mit dem du das Material jeder Münze bestimmen kannst, durch einen umgangssprachlichen Algorithmus.

## 10

Beim Spiel „Mensch ärgere dich nicht" kommt es zunächst darauf an, eine Spielfigur aus dem „Haus" auf die „Bahn" herauszubringen. Dazu darf man bis zu dreimal würfeln. Sobald man eine Sechs würfelt, kommt die Figur heraus. Nach drei vergeblichen Versuchen kommt der nächste Spieler oder die nächste Spielerin an die Reihe.

a) Beschreibe das bis zu dreimalige Würfeln als Algorithmus `Eröffnung`. Formuliere wie beim Algorithmus `DirektesEinfügen` auf Seite 83.

b) Warum kann man die Aufgabe nicht mit Hilfe einer Wiederholung mit fester Anzahl (`wiederhole 3 mal`) oder mit einer bedingten Wiederholung (`wiederhole solange nicht eine Figur draußen ist`) lösen?

# 4 Aufgaben teilen

**1**
Stefan plant eine Geburtstagsparty. Erstelle eine Liste mit Teilaufgaben, die zur Vorbereitung erledigt werden müssen und die man auch verschiedenen Personen übertragen kann. Achte auch auf eine sinnvolle zeitliche Reihenfolge.

Zur Bewältigung größerer Aufgaben ist es vorteilhaft, sich erst einmal einen Überblick darüber zu verschaffen, welche Teilschritte in welcher Reihenfolge erledigt werden sollten. Auf die Lösung der Teilprobleme kann man sich dann besser konzentrieren und behält leichter den Überblick. Bei der Beschreibung komplizierterer Algorithmen ist es nicht anders.

Karl soll jetzt lernen, die Ziegel in seinem Zimmer wegzuräumen. Dazu kann er nicht gezielt auf einzelne Ziegel zusteuern, sondern muss den Raum vollständig abgehen. Das Verfahren lässt sich so beschreiben: Gehe in eine Ecke und räume die erste Reihe bis zur gegenüberliegenden Wand auf.
Wechsle in die zweite Reihe und räume diese auf. Wiederhole das Aufräumen der Reihen, bis du an einer Wand entlanggelaufen bist. Beim Wechsel von einer Reihe zur nächsten muss Karl abwechselnd Rechts- und Linkskurven gehen. Deshalb unterscheiden sich die Beschreibungen für das Aufräumen geradzahliger und ungeradzahliger Reihen. Am Ende einer Reihe soll eine Drehung zur nächsten Reihe hin erfolgen. Wenn Karl dann vor einer Wand steht, weiß er, dass er zuletzt an dieser Wand entlanggelaufen ist.

Bei der Beschreibung der Methode in Karls Sprache kann man ganze Abschnitte wie das Räumen einer Reihe durch Methodenaufrufe ersetzen und die dazugehörigen Methoden hinterher im Einzelnen beschreiben. Der Text wird so übersichtlicher und damit leichter lesbar:

```
Methode ZimmerAufräumen
    EckeAufsuchen()
    wiederhole solange nicht VorWand
        ReiheRäumen1()          ungeradzahlige Reihe
        wenn nicht VorWand
        dann
            ReiheRäumen2()      geradzahlige Reihe
        sonst
        *wenn
    *wiederhole
Ende
```

Nun müssen noch die bisher unbekannten Methoden beschrieben werden:

```
Methode EckeAufsuchen
    wiederhole 2 mal
        GasseRäumen()
        LinksDrehen()
    *wiederhole
    LinksDrehen()
Ende
```

Hier taucht wieder eine neue Methode (GasseRäumen) auf. Sie wird später beschrieben. Vorerst genügt es zu wissen, dass Karl damit geradeaus bis zur nächsten Wand läuft und unterwegs Ziegel einsammelt.

Die Beschreibungen von ReiheRäumen1 und ReiheRäumen2 sind fast identisch:

```
Methode ReiheRäumen1
    GasseRäumen()
    RechtsDrehen()
    wenn nicht VorWand
    dann
        wenn VorZiegel
        dann
            ZiegelAufheben()
        sonst
        *wenn
        VorwärtsGehen()
        RechtsDrehen()
    sonst
    *wenn
Ende
```

Bei ReiheRäumen2 muss lediglich jedes RechtsDrehen() durch LinksDrehen() ersetzt werden. Karl wechselt jetzt nach dem Räumen einer Reihe in die nächste, falls dies noch möglich ist. Dabei entfernt er gegebenenfalls einen Ziegel vom ersten Feld der nächsten Reihe und dreht sich in die richtige Richtung.

Nun fehlt nur noch eine Methodenbeschreibung:

```
Methode GasseRäumen
    wiederhole solange nicht VorWand
        wenn VorZiegel
        dann
            ZiegelAufheben()
        sonst
        *wenn
        VorwärtsGehen()
    *wiederhole
Ende
```

Jetzt ist die gestellte Aufgabe vollständig gelöst. Bei komplizierteren Methodenbeschreibungen empfiehlt es sich praktisch immer, für bestimmte Teilabläufe neue Methoden einzuführen und diese gesondert zu beschreiben, weil man damit nicht so leicht den Überblick verliert. Diese Vorgehensweise hat aber noch weitere Vorteile: Wenn eine umfangreichere Sequenz in verschiedenen Methodenbeschreibungen oder in derselben Methodenbeschreibung mehrfach auftreten würde, verwendet man statt der ganzen Sequenz nur einen Methodenaufruf und notiert die Sequenz ein einziges Mal bei der Beschreibung der neuen Methode. Schließlich ist es auch möglich, dass mehrere Personen gleichzeitig an einem umfangreicheren Projekt arbeiten, indem jede für sich eine Lösung für eine Teilaufgabe erarbeitet und die Teillösungen zum Schluss zusammengeführt werden.

*Die Methode der schrittweisen Verfeinerung ist auch für viele Problemlösungen in anderen Fachgebieten (Mathematik, Naturwissenschaften, …) oder auch bei der Erledigung der Hausaufgaben sehr gut geeignet.*

Man bezeichnet diese Vorgehensweise als die **Methode der schrittweisen Verfeinerung** oder **top-down-Methode**.

Aufgaben teilen

**Aufgaben**

**2** 👥

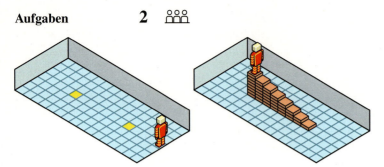

Karl soll eine Treppe bauen, deren Basislänge – und damit auch deren Höhe – durch zwei Marken am Boden vorher festgelegt wurde. Beschreibe durch schrittweise Verfeinerung eine dafür geeignete Methode `TreppeBauen`. Es sind zwei prinzipiell verschiedene Vorgehensweisen zum Aufbau der Treppe denkbar. Vergleiche deine Lösung mit denen deiner Nachbarn.

**3** 👥

Beschreibt eine Methode `FlächeFüllen`. Damit soll Karl eine vollständig umrandete Fläche, in deren Innerem er sich befindet, mit Ziegeln auffüllen. Dazu soll er systematisch im Inneren der Fläche an bestehenden Ziegelreihen entlang neue Ziegel hinlegen. Er darf dabei nicht „endlos" nach einem freien Feld suchen, sondern muss spätestens dann abbrechen, wenn er meint, dass die Fläche vollständig aufgefüllt ist. Beim Test mit verschiedenen Flächenformen werdet ihr feststellen, dass das Auffüllen nicht immer vollständig gelingt. Der Erfolg hängt sehr stark von der Strategie ab, mit der Karl das nächste zu belegende Feld sucht. Deshalb solltet ihr dieses Suchen in einer eigenen Methode beschreiben, für die man dann Varianten formulieren kann.

**4**

Karl soll ähnlich wie ein Grafikprogramm ein vorgegebenes Bild, hier das „Haus vom Nikolaus", umkehren („invertieren"), sodass die jetzt freien Felder hinterher mit Ziegeln belegt sind und umgekehrt. Beschreibe durch schrittweise Verfeinerung eine dafür geeignete Methode `BildUmkehren`.

**5**

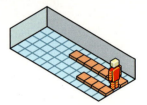

Karl soll das Rechnen mit natürlichen Zahlen einschließlich der Null simulieren. Diese werden durch Ziegelreihen links und rechts von ihm dargestellt. Beide Reihen beginnen an derselben Wand, an der Karl am Anfang mit dem Rücken steht.
a) Beschreibe eine Methode `ReihenAddieren`, sodass Karl eine Reihe abbaut und die andere entsprechend verlängert. Zumindest das Suchen der Reihenenden und des Reihenanfangs solltest du in je einer eigenen Methode beschreiben.
b) Beschreibe entsprechend eine Methode `ReihenSubtrahieren` (Minuend rechts von Karl). Verwende dazu möglichst Methoden aus a). Gelingt dir eine Beschreibung, mit der Karl gegebenenfalls bemerkt, dass der Subtrahend größer ist als der Minuend? Karl sollte dann die Rechnung abbrechen und als Fehlermeldung z. B. das Feld, auf dem er steht, markieren.

## Lesetext:

## Wann sind Bedingungen erfüllt?

Dass die Schreibweisen für Bedingungen in Karls Sprache an Attributbezeichner erinnern, ist kein Zufall. Tatsächlich hat Karl die Attribute `VorZiegel`, `VorWand` und `AufMarke`. Als Attributwerte sind jeweils `wahr` und `falsch` erlaubt. Bei jedem Methodenaufruf werden diesen Attributen nach der Abarbeitung entsprechende Werte zugewiesen, je nachdem, ob Karl dann vor einem Ziegel, vor einer Wand, auf einer Marke steht oder nicht. Jedes Objekt, also auch Karl, besitzt zu jedem seiner Attribute eine so genannte **get-Methode** (**to get** (engl.): bekommen, erhalten, holen, …). Diese reagiert auf ihren Aufruf, indem sie den aktuellen Wert des zu ihr gehörigen Attributs nennt. Bisher dienten Methoden hauptsächlich zur Änderung von Attributwerten. Wie Methoden auch Werte zurückgeben können, soll das folgende Beispiel veranschaulichen:

Das Objekt `MeinWecker` aus der Klasse `WECKER` hat das Attribut `Weckzeit`. Diesem wird mit Hilfe der Tasten „–" und „+" der gewünschte Wert zugewiesen (Methoden `WeckzeitVorziehen` bzw. `WeckzeitHinausschieben`). Wenn man später die Einstellung überprüfen möchte, ruft man durch Druck auf die „WECKEN"-Taste die get-Methode `WeckzeitNennen` auf. Diese gibt über die Anzeige den aktuellen Wert von `Weckzeit` zurück.

Jedes Mal wenn Karl das Erfülltsein einer Bedingung prüfen muss, ruft er die entsprechende get-Methode (für `VorZiegel` die Methode `VorZiegelNennen`) auf, die den jeweils aktuellen Wert des Attributs zurückgibt. Ein vorangestelltes `nicht` bewirkt, dass ein zurückgegebenes `wahr` in ein `falsch` umgewandelt wird und umgekehrt. Für die Entscheidung, ob eine Sequenz noch einmal wiederholt wird (bedingte Wiederholung) bzw. welche von beiden Sequenzen abgearbeitet wird (bedingte Anweisung), wird dieses Ergebnis anstelle der auszuwertenden Bedingung verwendet. Aus `wenn VorZiegel` wird `wenn wahr` bzw. `wenn falsch`. Für die Entscheidung gilt die Regel, dass `wahr` erfüllt ist und `falsch` nicht.

Bei Algorithmenbeschreibungen hat man im Allgemeinen noch mehr Möglichkeiten, Bedingungen zu formulieren als in Karls Sprache. Ob die Aussage „`Baum.Füllfarbe = braun`" erfüllt ist, kann z. B. geprüft werden, indem mit `Baum.FüllfarbeNennen()` der aktuelle Wert ermittelt und für `Baum.Füllfarbe` eingesetzt wird. Abhängig von diesem Wert ergibt sich z. B. „braun = braun" oder „grün = braun", also eine Aussage, die entweder durch `wahr` oder durch `falsch` ersetzt werden kann. Deshalb sind auch solche Formulierungen als Bedingungen geeignet und man kann z. B. mit

```
          wenn Baum.Füllfarbe = braun
          dann Baum.Entfernen()
          sonst
          *wenn
```

das Fällen eines erkrankten Baumes im Sommer beschreiben.

# Grafische Darstellung von Algorithmen

In Karls Sprache werden Sequenzen, Wiederholungen und bedingte Anweisungen mit Hilfe von festgelegten Schlüsselwörtern (`wiederhole`, `solange`, `wenn`, `dann`, `sonst`, `Ende`) beschrieben. In der Programmiersprache LOGO (vgl. Thema „Mit LOGO programmieren", Seite 94) und den meisten anderen Programmiersprachen werden englische Schlüsselwörter verwendet. Um Algorithmen unabhängig von einer speziellen Programmiersprache beschreiben zu können, hat man verschiedene grafische Darstellungsformen entwickelt. Eine davon ist das **Struktogramm**. Auch Struktogramme setzen sich aus wenigen grundlegenden Bausteinen zusammen:

elementare Anweisung:

| *Anweisung* |
|---|

Sequenz:

| *Anweisung1* |
|---|
| *Anweisung2* |
| ⋮ |
| *AnweisungN* |

Wiederholung mit fester Anzahl:

| **wiederhole** *n* **mal** |
|---|
| *Sequenz* |

bedingte Wiederholung:

| **solange** *Bedingung* |
|---|
| *Sequenz* |

bedingte Anweisung:

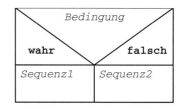

Die fett geschriebenen Texte sind wieder fest vorgegeben und die kursiven Elemente dem Problem angepasst zu formulieren. Eine Sequenz kann auch hier elementare Anweisungen, Wiederholungen oder bedingte Anweisungen enthalten. So kann man durch Aneinanderreihung und Ineinanderschachtelung der Grundelemente auch kompliziertere Algorithmen beschreiben wie den aus einem bekannten Märchen (vgl. Struktogramm rechts).

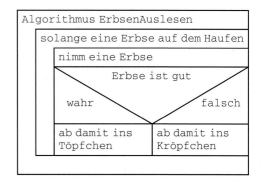

Etwas aufwändiger, aber nach demselben Prinzip kann man auch den Algorithmus `Eröffnung` beim Mensch-ärgere-dich-nicht-Spiel beschreiben (vgl. Aufgabe 10, Seite 87).

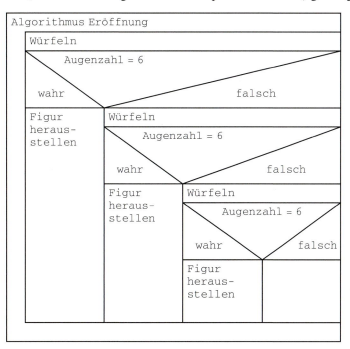

Und natürlich lassen sich auch Karls neue Methoden mit Hilfe von Struktogrammen beschreiben:

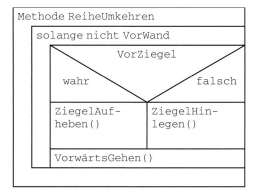

```
Methode ReiheUmkehren
    wiederhole
        solange nicht VorWand
            wenn VorZiegel
            dann
                ZiegelAufheben()
            sonst
                ZiegelHinlegen()
        *wenn
            VorwärtsGehen()
    *wiederhole
Ende
```

## 1
Zeichne das Struktogramm zum Algorithmus `Eröffnung` ab. Verwende dazu ein Vektorgrafikprogramm. Spiele mehrere Eröffnungen mit einem Würfel durch und zeichne die dazugehörigen Wege durch die Struktogrammfelder mit unterschiedlichen Farben in das Struktogramm ein.

## 2
Zeichne Struktogramme zu Karls Methoden `TurmBauen` (Aufgabe 2, Seite 83), `AusgangSuchen` (Aufgabe 7 a), Seite 84) und `BahnFolgen` (Aufgabe 7 a), Seite 87). Stelle ebenso den Algorithmus zur Berechnung des Wertes einer Zahl in römischer Schreibweise (Aufgabe 6, Seite 87) dar.

# Mit LOGO programmieren

Mit Hilfe der Programmiersprache LOGO kann man einer virtuellen Schildkröte, die auf dem Bildschirm als Dreieck dargestellt wird, Anweisungen geben. An ihrem Hinterteil (kurze Dreiecksseite) trägt die Schildkröte einen Stift, mit dem sie auf dem Bildschirm zeichnen kann.

Die Schildkröte hat von Anfang an schon sehr viele Methoden. Im Folgenden sind aber nur diese wenigen Methodenaufrufe wichtig:

| | |
|---|---|
| `forward n` | Die Schildkröte geht n Bildpunkte vorwärts. |
| `back n` | Die Schildkröte geht n Bildpunkte rückwärts. |
| `left n` | Die Schildkröte dreht sich n Grad gegen den Uhrzeigersinn. |
| `right n` | Die Schildkröte dreht sich n Grad im Uhrzeigersinn. |
| `pendown` | Die Schildkröte setzt ihren Stift auf die Zeichenfläche ab. |
| `penup` | Die Schildkröte hebt ihren Stift von der Zeichenfläche ab. |

In LOGO werden für Methodenaufrufe keine runden Klammern verwendet; n ist ein Platzhalter für eine Zahl. Die Bausteine, aus denen Methodenbeschreibungen zusammengesetzt werden, sind dieselben wie in Karls Sprache.

Ihr allgemeines Schema sieht allerdings anders aus, nämlich:
für eine Methodenbeschreibung:

>        **to** *Bezeichner*
>            *Sequenz*
>        **end**

für eine Wiederholung mit fester Anzahl:

>        **repeat** *x* [*Sequenz*]

für eine bedingte Wiederholung:

>        **while** [*Bedingung*] [*Sequenz*]

und für eine bedingte Anweisung:

>        **ifelse** *Bedingung* [*Sequenz1*] [*Sequenz2*]

Wiederholungen und bedingte Anweisungen müssen jeweils in eine einzige Zeile geschrieben werden. Nötigenfalls kann man mehrere Textzeilen mit Hilfe des Zeichens „~" („Tilde") am Textzeilenende zu einer logischen Zeile zusammenfassen.

In LOGO muss man jede Bedingung wie eine neue Methode selbst beschreiben. Vor der eigentlichen Bearbeitung der Aufgaben 3 und 5 müssen deshalb zunächst die folgenden Programmzeilen eingeben werden:

```
to AufPunkt
  ifelse pixel = [255 255 255] [op "false] [op "true]
end
to VorPunkt
  ifelse pendownp [make "p "true penup] [make "p "false]
  forward 1
  ifelse AufPunkt [back 1 ifelse :p [pendown][] op "true] [back 1 ~
  ifelse :p [pendown][] op "false]
end
```

Dann stehen zwei Bedingungen zur Verfügung:

AufPunkt   Der angehobene oder abgesenkte Zeichenstift befindet sich über einem farbigen oder schwarzen Bildpunkt.

VorPunkt   Der angehobene oder abgesenkte Zeichenstift befindet sich einen Schritt vor einem farbigen oder schwarzen Bildpunkt.

Ein vorangestelltes not hat darauf die gleiche Wirkung wie nicht in Karls Sprache.

## 1

Formuliere eine Sequenz, sodass die Schildkröte den LOGO-Schriftzug aus der Abbildung auf der vorherigen Seite zeichnet. Du kannst davon ausgehen, dass die Schildkröte zu Beginn schon nach unten schaut und gleich mit dem L beginnen kann. Wähle als Buchstabenhöhe z. B. 150, als Buchstabenbreite 75 und als Buchstabenabstand 20 Bildpunkte.

## 2

Beschreibe eine Methode HausZeichnen, sodass die Schilkröte das bekannte Haus vom Nikolaus zeichnet (Fig. 1), ohne zwischendurch den Stift abzusetzen und ohne eine Linie mehrmals zu zeichnen. Die Seitenwände, der Boden und die Decke sollten je 100 Bildpunkte lang sein.

Hinweis: Die Diagonalen eines Quadrats sind etwa 1,41-mal so lang wie seine Seiten. Vergleiche deine Lösung mit der deiner Mitschüler und Mitschülerinnen. Wie viele verschiedene Methoden das Haus zu zeichnen findet ihr gemeinsam heraus?

Fig. 1

*„Das ist das Haus vom Ni-ko-laus."*

## 3

Beschreibe eine Methode LinieFolgen, sodass der angehobene Stift der Schildkröte beim Laufen die rote Linie nicht verlässt. Vor dem nächsten Schritt vorwärts muss nötigenfalls die Laufrichtung geändert werden. Dazu soll sich die Schildkröte aus der bisherigen Richtung abwechselnd nach links und rechts um 15°, 30°, 45°, ... drehen („Schwänzelbewegung").

Fig. 3

## 4

Beschreibe eine Methode SternZeichnen, sodass die Schildkröte den neunzackigen Stern aus Fig. 2 zeichnet. Die Strecken von Spitze zu Spitze sollen dabei 200 Bildpunkte lang sein. Zeichne den Stern zuvor selbst und miss die Größe der Winkel. Beginne dazu mit einer Kreislinie, auf der später die Spitzen liegen, und teile diese mit dem Winkelmesser in neun gleich lange Teile.

## 5

Du sollst der Schildkröte beibringen, auf den blauen See zuzulaufen und diesen zu umrunden (Fig. 3).

a) Beschreibe den ersten Teil der Methode SeeUmrunden, sodass die Schildkröte zunächst nur bis zum See läuft. Weil sich der Zeichenstift an ihrem Hinterteil befindet, dürfen ihre Füße nass werden.

b) Nun soll sich die Schildkröte gerade so weit im Uhrzeigersinn drehen, dass sie anschließend noch einen Bildpunkt vorwärts gehen kann, ohne dass ihr Zeichenstift über Wasser gerät. Ergänze die Methodenbeschreibung von a) so, dass sich die Schildkröte oft genug um einen kleinen Winkel weiterdreht.

c) Ergänze nun die Methodenbeschreibung durch eine bedingte Wiederholung, in der die Schildkröte immer wieder einen Bildpunkt vorwärts geht und dann nötigenfalls die Drehung aus b) ausführt. Dies soll so lange weitergehen, bis der Nutzer durch einen Mausklick auf Halt ein Ende erzwingt. Überlege dir also eine Bedingung, die am Ende der zu wiederholenden Sequenz sicher erfüllt ist.

d) Bis jetzt läuft die Schildkröte sehr bald wieder vom See weg. Überlege, was sie dabei falsch macht, und vervollständige die Methodenbeschreibung entsprechend.

# Zum Aufbau des Buches

Jedes Kapitel umfasst:
- mehrere Lerneinheiten,
- Themenseiten und/oder Lesetexte.

- Zum Aufbau einer **Lerneinheit**:
  Jede Lerneinheit beginnt mit einer **hinführenden Aufgabe**, die zum Kern der Lerneinheit führt. Sie ist so gestaltet, dass sie eigene Aktivität und eigenes Überlegen herausfordert. Diese Aufgabe stellt ein Angebot dar und lässt so der Lehrerin/dem Lehrer alle methodische Freiheit. Zur Bearbeitung der Aufgabe ist manchmal auch eine Handlungsanleitung durch die Lehrkraft notwendig.
  Der anschließende **Lehrtext** formuliert in schülerverständlicher Vorgehensweise den Gegenstand der Lerneinheit.
  Der **Aufgabenteil** bietet ein reichhaltiges Auswahlangebot. Die Aufgaben reichen von grundlegenden Routineaufgaben über zahlreiche Aufgaben im mittleren Schwierigkeitsbereich bis zu schwierigen Aufgaben. Aufgaben, die sich besonders gut zur Gruppenarbeit eignen, sind mit dem Symbol 👥 versehen.

*Auf der Randspalte werden zusätzliche Informationen, Anmerkungen, Hilfestellungen und Querverweise angeboten.*

- Im Gegensatz zum Mathematikunterricht sind in Informatik nur eingeschränkt schriftliche Hausaufgaben vorgesehen. Das Aufgabenmaterial im Buch ist daher besonders für die Bearbeitung im Unterricht konzipiert.

- Die **Themen- und Lesetextseiten** vertiefen Aspekte des jeweiligen Kapitels oder sprechen interessante (technische) Hintergrundinformationen an, die als Ergänzung gedacht sind. Auf den Lesetextseiten sind keine Aufgaben ausformuliert.

# Register

@-Zeichen 68

**a**bsolute Adressierung 65
Adressierung
–, absolute 65
–, relative 65
Algorithmus 79
Anhang 67
Anweisung 78
–, bedingte 86
Arbeitsspeicher 5
Attributbezeichner 9
Attribute 9
Attributwert 9
At-Zeichen 68

**B**ackslash 51
Baum 50
bedingte Anweisung 86
bedingte Wiederholung 83
Bedingung 82
Betriebssystem 55
Bezeichner 8
Beziehungen zwischen Objekten 35
Bit 26
Bitmap 29
Blätter 50
BMP 29
Browser 58, 61
Byte 26

**C**lient 61
Client-Server-Prinzip 61

**D**arstellung von Information 22
Datei
– öffnen 46
– speichern 46, 53
– speichern unter 46
Dateimanager 47
DNS 71
Domain-Name 70
Domain-Name-System 71
Domäne 68
Dualsystem 54

**E**igenschaften von elektronischen Objekten 9
elektronische Objekte 8
elektronische Post 67
E-Mail 67

**F**ile Transfer Protocol 71
Folie 38
ftp 71

**G**B 27
get-Methode 91

GIF 29
Gigabyte 27
grafische Darstellung
   von Algorithmen 92
grafische Datenformate 25
Graphics Interchange Format 29

**H**TML 43, 61
http 70, 71
https 71
Hyper Text Transfer Protocol 71
Hyper Text Transfer Protocol
   Secure 71
Hyperlinks 59
Hypertext Markup Language 43
Hypertextdokument 58
Hypertextstrukturen 64

**I**nformatik und Sprache 42
IP-Adresse 70

**J**oint Photographic Experts Group 29
JPEG 29
JPG 29

**K**atalog 73
KB 27
Kilobyte 27
Klammeraffe 68
Klasse 11
Klassenbezeichner 12
Klassendiagramm 13
Knoten 50
Kompressionsverfahren 28

**L**inks 59
Linux 51
LOGO 94

**M**ailserver 68
Marke 62
MB 27
Megabyte 27
Mengen 12
Meta-Suchmaschine 72
Methode der schrittweisen
   Verfeinerung 89
Methoden 17
Methodenaufruf 78
Multimediadokument 38

**n**umerische IP-Adresse 70

**O**bjektbezeichner 9
Objektdiagramm 13, 35
Objekte(n) 8
–, Beziehungen zwischen 35
–, Eigenschaften von elektronischen 9

–, elektronische 8
– in Grafiken 8
– in Texten 32
– klassifizieren 11
öffnen von Dateien 46, 47
Ordner 48
Ordnerbaum 50

**P**arameterwert 18
Pascal 42
Pfad 51
POP 43
Post Office Protocol 43
Provider 63, 70

**R**astergrafik 25
relative Adressierung 65
römische Zahlen 43, 87
Router 71

**S**äulendiagramm 22
Sequenz 79
Server 61
Slash 51
speichern unter 46
speichern von Dateien 46, 53
Sprungziel 62
Struktogramm 92
Suchen im Internet 72
Suchmaschine 72

**T**abelle 22
Tabulator 34
TCP/IP 71
top-down-Methode 89
Tortendiagramm 22
Transfer Control Protocol/
   Internet Protocol 71

**U**niform Resource Locator 62
URL 62

**V**ektorgrafik 27
Verweise 58, 59

**W**3 61
Web 61
Wert 9
Wiederholung 81, 83
–, bedingte 83
– mit fester Anzahl 81
Windows 51
World Wide Web 61
Wurzel 50
WWW 61

**Z**weiersystem 54
Zwischenablage 17

97